# 女孩
# 不好意思问的事儿

THE THINGS GIRLS FEEL SHY TO ASK

高　蕊◎编著

H.P.H 哈尔滨出版社
HARBIN PUBLISHING HOUSE

**图书在版编目（CIP）数据**

女孩不好意思问的事儿 / 高蕊编著.—2版.—哈尔滨：哈尔滨出版社，2018.3
ISBN 978-7-5484-3172-5

Ⅰ.①女…　Ⅱ.①高…　Ⅲ.①女性-青春期-健康教育　Ⅳ.①G479

中国版本图书馆CIP数据核字（2017）第029068号

**书　　名：女孩不好意思问的事儿**

**作　　者：**高　蕊　编著
**责任编辑：**韩伟锋　任　环
**责任审校：**李　战
**封面设计：**仙境书品

**出版发行：**哈尔滨出版社（Harbin Publishing House）
**社　　址：**哈尔滨市松北区世坤路738号9号楼　**邮编：**150028
**经　　销：**全国新华书店
**印　　刷：**哈尔滨报达人印务有限公司
**网　　址：**www.hrbcbs.com　www.mifengniao.com
**E-mail：**hrbcbs@yeah.net
**编辑版权热线：**（0451）87900271　87900272
**销售热线：**（0451）87900202　87900203
**邮购热线：**4006900345　（0451）87900345　87900256

**开　　本：**787mm × 1092mm　1/16　**印张：**14　**字数：**180千字
**版　　次：**2018年3月第2版
**印　　次：**2018年10月第2次印刷
**书　　号：**ISBN 978-7-5484-3172-5
**定　　价：**35.00元

# 前言

每个处于青春期的女孩，都是这世上独一无二的玫瑰，是值得被人捧在手心里用心呵护的。没有人生下来就是完美的，每个人都是通过不断学习来自我完善，并不断成长的。

然而，成长总是充满着困惑的，处于青春期的孩子们尤其如此。

处于青春期的女孩，常常会觉得自己的身体在不知不觉中，产生了许多奇怪的变化。她们惊讶地发现自己竟在突然之间变高了很多；还有胸前那原本和男孩子一模一样的“小豆豆”，也不知道在什么时候，变成了羞人的“小馒头”；而每个月都要来一次的“大姨妈”更是像梦魇一样，弄得她们不知所措，尤其是第一次在裤子上见到血迹的时候，有很多女孩会觉得自己是得了什么可怕的绝症，而暗暗伤心害怕。

而如果你以为进入青春期之后，只有身体上会发生一些奇怪的变化，那可就大错特错了。其实，这个时候的女孩们，在心理上也产生了相应的变化，她们思考的问题会越来越多，伴随而来的，还有许多无以言表的苦恼。

我好像喜欢上他了，这就是早恋吗？

同学说我和我的好朋友是同性恋，怎么办？

那个长得像气球一样的东西，就是“安全套”吗？

我和他偷尝了禁果，以后要如何见人？

“大姨妈”好久没来了，我是不是怀孕了？

……

这些问题是不是也在一直困扰着你，让你不知道该怎么办，不知道能和谁说出心里的苦恼？你想要去问父母，可是又会害羞，最后只好一个人独自纠结。你甚至会害怕，担心自己是不是变成了坏孩子，为什么会产生“性幻想”，为什么会成为班级“小团体”里的一员，你不知道自己究竟该怎样做才是正确的。

而本书会给你解答一切困惑。它从女孩的身体发育，男孩的身体发育，女孩心中产生的朦胧情愫，性问题，青春期的烦恼事，以及学会保护自己、抵制诱惑等几方面帮助你更好地了解自己，并提供了正确解决问题的办法和建议。

我相信，当你将这本书看完之后，一定会知道那些困惑你已久的问题的答案。到那时，你就会发现，其实在面对这些情况的时候，你根本不用害怕，因为你身边的每个女同学都和你一样经历着青春期。她们身上也同样会出现你身上的变化，即使你现在还没有感觉到身边的朋友正发生着这些变化，也不必担心，因为每个人的青春期到来的时间都不一样，有些较早，有些则较晚。

而当你了解了这些身体和心理上的变化，都不过是青春期中最最常见的现象之后，再回过头去看曾经独自伤心、难过、担心的自己，你会觉得有些好笑，自己竟会被这些问题烦扰。

所以，女孩们，放轻松吧，解开自己所有的困惑，用最好的状态去享受这花样的年华、花样的青春！

## |第一章|

# 你的身体正在发育

| 第二章 |

# 他让你充满好奇

|第三章|

## 朦胧的情愫

## | 第四章 |
# “性”并不神秘

## 第五章
# 青春期的烦恼事

| 第六章 |

# 学会保护自己的身体

| 第七章 |

# 学会抵制诱惑

〈第一章〉

# 你的身体正在发育

怎么办，我最近感觉身体出现了好多奇怪的变化，原本很喜欢的一件衣服，如今怎么也穿不进去了，我不只突然长高了好多，就连屁股好像也变大了，体重还直线上升。站在体重秤上的时候，我自己都被吓了一大跳。然而，相对于这些变化来说，最让我害羞的是，原本平坦的胸脯，竟然会莫名其妙长出了“小馒头”！

哎呀，到底是怎么回事啊？为什么我的身体会发生这么多的变化？为什么我的腋窝下会长出好多恶心的毛毛？为什么我会尿血，小腹还好痛，我是不是得了什么绝症，就快死了呢？

亲爱的小姑娘，你是不是也遇到了上面的这些问题，心里也有这样的疑惑呢？其实，当你遇到这些情况的时候，不用害怕，也不用害羞，因为这些不过是正常的生理变化而已。这只是说明，你的身体正在发育，你正在成长，你已经进入了人生最美妙的一段时光——青春期！

# 1 到了青春期就是要进入成年吗？

【我的困惑】

常会听到身边的朋友说：“我到青春期了，就要进入成年了。”那么，什么是青春期呢？为什么到了青春期就是要进入成年了呢？

【敞开心扉】

他说得对，青春期是人从儿童向成年过渡的时期，如果你正处在青春期，那你确实离成年不远了。不过，他所说的成年，指的只是生理上向成年转变，离真正的成年还是有些距离的。青春期的你们在心理方面，还表现出很多不成熟的地方。虽已经有了一定的独立性，但还没有完全独立，在许多方面，仍需要依赖父母，你们在法律上没有成为完全刑事责任能力人，并不能对自己所有的行为都负责任，这和成年人有很大的差别。

那么，青春期到底应该是什么样的呢？

其实，青春期的样子都体现在你们男孩女孩的身体上。说简单点就是，青春期是真正进入了“男女有别”的时期。在这个时间段里，男孩和女孩不论是身体还是心理，都开始趋向不同。在这个时期，女孩胸前的“小豆豆”开始发胀变大了，来了“大姨妈”；男孩开始长胡子，生殖器官开始发育。不论是男孩还是女孩，到了这个时期，都开始具备了生育的能力。过了青春期，有了生育能力的你，在生理上就不再是小孩子了，而是像妈妈一样的成年人了。

“小豆豆”你很清楚，可是“大姨妈”是什么呢？这里的“大姨妈”可不是家里的亲戚啊，我所说的“大姨妈”是女孩的好朋友，跟我们的关系可非同一般呢，先别急，后面再跟你好好介绍它。

那么青春期是从什么时候开始的呢？这个问题还真的没有明确答案。一般来说，女孩的青春期比男孩早两年左右，从 10—12 岁开始，男孩则从 12—14 岁开始。不过，因为人和人发育的早晚快慢不同，青春期的具体时间确定不了，人们通常把10—20岁这段时间称为青春期，但是男生的发育要比女生晚两年左右，这是可以确定的。

所以，当你发现班级里的女孩一般都比男孩高，还因此窃喜的时候，你要知道这个可是暂时的啊，因为男孩比女孩发育得晚，等到男孩开始发育的时候，他们就像雨后的竹笋一样，一夜间就变成大个儿了，那才让人惊讶呢。那时候你就会发现，曾经坐在第一排的小个子男生突然被调到了倒数的几排，他的个子也迅速地超过了你，这就是青春期的神奇之处啦，在真正长大之后谁高谁矮还真的不一定呢！

青春期是个梦一样的时期。有位儿童专家曾称青春期是孩子换壳儿期，就像大龙虾换壳儿一样，你们把自己原来的样子换掉，一直到有全新的样式，其间身体发育伴随着灵魂上的成熟，会平添很多欢乐，也有很多烦恼，而这，正是成人之初的珍贵体验。

青春期的你们，智力发展特别迅速，你们仿佛一下子就成了大人，不仅是观察能力，就连思维能力、想象力、创造力也都有了很大的飞跃。你们开始尝试自己解决遇到的种种问题，也开始尝试用各种方法去解决问题，这一点是非常好的。

成年之后，我们智力的发展基本就停止了，智慧的火花好像远离了我们。由此可见，青少年时期思维方式的养成和思维能力的培养是极其重要的，青春期在人一生的智力发育中占有很重要的位置。所以，这么重要的时期你们千万不要错过啊，好好地把握这个时期，让自己潜在的实力发挥出来吧。

**【小小提醒】**

青春期不只是进入“男女有别”的时期，也是开始对异性产生好感的时期。进入青春期后，女孩不仅要面对自己身体的变化，还要面对许多情感上的困扰。例如会情不自禁地接近异性，但接触异性时又常感到不知所措。这些都是青春期正常的生理和心理现象，千万别紧张、恐慌，有心事就跟父母和老师讲讲，在成年人的正确引导下，青春期的所有问题都不是问题。

# 2
# 胸前的“小豆豆”怎么变成了“小馒头”？

【我的困惑】

最近我胸前的“小豆豆”好像变大了，周围出现了小鼓包，感觉“小豆豆”好像变成了一个“小馒头”，这是怎么回事啊？

【敞开心扉】

小丫头，姐姐要恭喜你，这是你的乳房开始发育了，你就要变成大姑娘了。

你所说的胸前的“小豆豆”，学名叫作乳房，你一定跟妈妈一起洗过澡吧？那你肯定注意到了妈妈胸前隆起的部位，那就是乳房。

我们在前面解释青春期的特征时，曾提到过乳房发育。其实在进入青春期后，女孩最先发育的部位就是乳房。乳房分两个部分，外部位和内部位，主要由乳腺和一些肌肉组织组成。大部分女孩乳房是从 10 岁开始发育的，不过也有特例，有些女孩 8 岁左右乳房就开始发育了呢。

你一定好奇乳房是怎么从“小豆豆”变成像妈妈的那么大的吧？现在就给你讲讲你的“小豆豆”的成长史，但你要做好心理准备啊，因为这个成长史还是比较漫长的，里面还会时常出现一些让你着急上火的小插曲。

先说说你的“小豆豆”，就是你胸前突起的那两个小头儿，它们叫乳头。乳头周围是不是有一圈颜色发暗的皮肤呢？那个叫乳晕。在还没有一点儿发育征兆时，男孩女孩的胸都是一样的，只有小乳头和乳晕，也都是平平的小身板儿。但是现在，你的“小豆豆”周围却出现了小鼓包，变成了“小馒头”的形状，虽然“小馒头”还很小，但是却已经能看出改变了。这是到乳蕾期了，意思是说你的“小豆豆”现在可以改名叫“小蓓蕾”了。赶紧拍着小胸脯骄傲吧，从现在起，你可跟男孩不再一样了，你要告别小平胸喽！

这个小鼓包出现不久，你的乳头也会开始变大，乳晕逐渐扩展，乳头和乳晕的颜色也慢慢加深……这个过程大约会持续到你十四五岁，等到那时，你的乳房发育得就比较明显了，“小豆豆”变成更大一些的“小馒头”；等到十六七岁时，你的乳房趋向丰满，乳晕轻微下陷，乳头会尤为突出；等你到了 18、20 岁的时候，蓓蕾绽放，你的双乳就会跟妈妈的一样大而漂亮了。

总的来说，我们的乳房发育大致要经历五个阶段。

第一阶段是从 1 岁至 9 岁，这时候的我们还没有进入青春期，所以乳房还没有开始发育，还和男孩一样是小平胸。

第二阶段是从 10 岁至 11 岁，这时候我们的乳房已经开始发育，乳头下的乳房胚芽开始生长，乳房微微隆起，呈圆丘形状。

第三阶段是从 12 岁至 13 岁，这时候的乳房开始慢慢变圆，渐渐向着成人乳房的样子变化，只是这时候的乳房还比较小，没有发育完全。

第四阶段是从 14 岁至 15 岁，这时候我们的乳房开始迅速增大，乳头和乳晕也开始向前突出，像一个小球一样。如果这时候你的乳房的变化很小，甚至和第三阶段没有太大差别，那你就要从自身找找原因了。

第五阶段就是青春期的发育后期了，是 16 岁至 18 岁这个阶段，这时候我们的乳房就和妈妈的一样了，乳头和乳晕形成的小球与乳房融为一体，这时候的乳房就是美美的、丰满的胸部了。

乳房发育的时间是不是有些长呢？不过也正是因为乳房的发育时间长，它才能长成妈妈那样的美丽样子哟。小丫头别心急，也不要看别人的乳房比自己大就开始怀疑这怀疑那，你们都会变成大美女的，不同的就只是发育时间。

【小小提醒】

并不是每个女孩在发育成熟后乳房都是匀称、丰满的，有的女孩乳房很小，有的女孩乳房很大……造成女孩乳房发育不同的原因有很多，像遗传，营养是否充足等等。所以千万不要因为自己的乳房偏小，就非常羡慕别人哟。在青春期乳房发育时，女孩一定要注意饮食，保证营养均衡，同时还要学会好好呵护自己的乳房。只有乳房发育好了，未来才会拥有更加完美的身材！

# 3
# 胸部好疼，我是不是病了？

【我的困惑】

我胸前的“小豆豆”不知道从什么时候开始，当被触碰到的时候，就会感觉疼痛。我是不是得病了啊？为什么会这么疼呢？

【敞开心扉】

还记得吗？你胸前的“小豆豆”学名叫乳房，要说乳房为什么会疼，还是需要些时间的，你一定要耐心地看完呀。

你的身体内部会有一种叫作雌激素的物质产生，这种物质作用到乳房，会刺激乳腺的发育和脂肪沉积，在这个过程中，你的乳房会变得很敏感，也会产生胀痛，让你感觉不舒服，在受到外界触碰的时候疼痛还会更加明显。所以乳房在发育期伴有疼痛现象，是发育过程中的正常生理现象，千万不要认为自己得病了而大惊小怪，也不要因为乳房疼痛就用手去揉，这样只会加重疼痛的症状。

大多数女孩在乳房发育的乳蕾期都会有这种感受，要知道，这种感受可不会伴你一生，它只是暂时的，等到你的乳房发育成熟后，疼痛就会自然消失了。不过，你也要在日常生活中格外注意，尽量避免触碰自己的胸部，如果不小心碰到了，不仅会加剧疼痛，还有可能对乳房造成伤害。

话虽如此，但你也不用担心，一般的小触碰是没有关系的，只要在日常生活中多加注意就可以了，如果保护过度了，还会让别人觉得你很奇怪，你肯定也不想让别人把注意力放在你正在发育的乳房上吧？所以，只要你能够保持一个良好的心态，就可以了！

从乳房发育开始，已经进入青春期的你，还会发现好多好多以前没遇到过的情况，不过也没有什么好担心的，因为这些都只是正常现象。你身上发生的每一点变化都使你朝亭亭玉立的美女发展。千万不要再认为自己的乳房有疼痛的感觉就是生病啦，有轻微的疼痛可是正常现象，有疼痛表示你的乳房发育得很健康，所以丝毫不用担心。等你到 18、20 岁的时候再回过头来看看，你一定会觉得自己现在的想法有些幼稚。

虽然有疼痛感是正常现象，但在日常生活中你还是要注意个人的卫生情况，更重要的是千万不要因为乳房的发育而害羞，甚至穿紧身的内衣来掩盖乳房，这样做是非常不正确的，不仅会加剧疼痛，还会导致乳房的发育不正常。你们应该摆正心态，挑选适合自己的内衣，内衣挑选方面的问题，向妈妈咨询是不错的选择，有经验的妈妈一定会很乐意帮你挑选一件款式和质地都适合你的内衣，所以千万不要觉得不好意思。

【小小提醒】

千万不要因为乳房的隆起就觉得不好意思，也不要低头含胸地走路，这样不仅会影响你的发育，还会使你成为“小罗锅”。遇到问题记得要多多咨询家长和老师，他们一定会给你满意的答复。挺起你的小胸脯，做个自信的小女生吧！另外要格外注意青春期的乳房卫生情况，经常清洗是必须要做的。千万要记得有问题的时候，要多多咨询妈妈，她可是有经验的导师呢。

# 4
# 乳房里怎么会有肿块？

**【我的困惑】**

前两天我发现自己的乳房里出现了肿块，还隐隐作痛，这是怎么回事？我是不是得病了啊？

**【敞开心扉】**

正处在青春期的你可不要整天疑神疑鬼、忧心忡忡的呀，丫头，你要知道正处在青春期的你们，身体还没有完全发育成熟，在这种时候，你体内的激素水平不稳定，出现乳房肿块也是比较正常的。随着你的身体发育逐渐成熟，肿块就会逐渐消失了。就像乳房胀痛的情况也会随着时间的推移慢慢地消失一样，等到你发育成熟的时候肿块自然也就不见了。

很多的小女生都会为这件事情纠结一阵子，现在你虽然已经知道了这种情况，但是却还会心里不安，是不是？那究竟应该怎么做才能消除这种不安呢？

小丫头，首先不要有思想压力，你要知道这是一种经常发生的生理现象，平时有空热敷一下也能够缓解这种状况。还要注意休息，也要进行适当的锻炼。这样做不仅能够缓解症状，还能对乳房的发育产生积极的影响。

其次就是不要束胸，很多女孩到了青春期觉得乳房发育是件让人很不好意思的事情，就开始束胸，想要掩盖乳房的发育情况，这样做是很不明智的。在日常生活中也应该尽量避免碰撞乳房及乳头，以免加重肿胀的情况。乳房的发育才不是什么不好意思的事情，这可是咱们女孩专属的特征呢，千万不要害羞，要做个自信的小女生哟。

最后就是饮食，在饮食上也要格外注意，少吃高糖和高脂肪的食物，虽然现在许多蔬菜、水果用了催熟剂，但也总好过那些高热量、高脂肪的食物呀，一定要记得少吃海鲜和肉。丫头，你现在是不是有种什么都不能吃的感觉？为了乳房早日发育正常，坚持忌口一段时间也是值得的。

乳房刚开始发育的时候尽量不要戴文胸，虽然会有小小的突起让你觉得不好意思，但这只是暂时的，很多的女孩都会有这种情况。等到了青春期后期，你就可以选择一款自己喜欢的文胸啦。只是一定要记得，文胸的松紧度要适当，太松或太紧都是不可以的，如果乳房出现了胀痛或痒痒的感觉，也不要用手去搔抓或者捏挤，在劳动或者进行体育运动的时候，也要格外注意保护乳房，避免发生意外，使乳房被撞击或者挤压。选择文胸的时候要尽量选择纯棉的，材质好，穿着也舒服，还有很棒的透气性。

如果上述的几点你都做到了，可乳房里的肿块还是没有丝毫的变化，那你就要提高警惕了，让爸爸妈妈带着你到附近的医院做个检查吧，检查一下不会花费很多的时间，出了结果也会让你安心不少，如果真的是不好的消息也能及时知道，及时采取措施。

爱护乳房，就从现在做起吧！

**【小小提醒】**

关于乳房的问题还真是不少，那么怎样才能让乳房发育得健康丰满呢？首先要注意姿势，走路要昂首挺胸，坐姿也要端正，千万不要含胸驼背变成“小罗锅”；其次要特别注意避免外伤，撞击或者过度挤压都是百害而无一利的；第三点是要加强胸部肌肉的锻炼，适当地做些扩胸运动，既不浪费时间也不辛苦，还能让乳房发育得更加健康丰满；最后要注意青春期的营养均衡，千万不要为了追求身材的苗条就盲目地选择节食减肥，这样会阻碍身体对营养物质的吸收，胸部能获得的脂肪量减少了，还怎么能丰满起来呢？

# 5
# 左右两胸为什么不一样大？

【我的困惑】

前一阵子我突然发现我的两个乳房不一样大，虽然不是很明显，但我还是很害怕，为什么会不一样大啊？我是不是发育不正常？

【敞开心扉】

一般来说，乳房在发育的过程中是会出现一大一小的情况的。悄悄告诉你，姐姐当时也跟你一样，因为很关注自己的身体变化，只要发现一丁点儿问题就开始胡思乱想，不过，这是完全没有必要的。因为青春期少女的乳房出现不一样大的现象是很普遍的，你一定想知道是什么原因导致的吧？

首先这种现象与两侧乳房的血管、神经的分布不均匀有一定的关系，仔细想想，是不是心脏附近的血管比较多，神经系统也比较发达？所以有时会出现左胸比右胸大一些的情况。

还有可能是由左右肢体活动不对称造成的，你是习惯用右手还是左手呢？你的习惯决定了你哪边的活动量比较大，而活动量大的一边便能够得到更好的锻炼，所以出现乳房发育不均衡的现象，也是有可能的。

其实，除了以上两点外，还有许多日常不易察觉的习惯在影响着你的乳房发育，比如睡觉的姿势，走路的姿势，还有提东西的习惯等等，都会对你的乳房发育产生一定的影响，甚至是因为没有及时穿戴适合自己的文胸，乳房就产生了发育不均衡的现象。

而且，如果你是在妈妈的肚子里就出现了乳房发育异常，那在青春期的发育中必然会有两侧乳房不对称的情况出现，一般发育不良的一侧会明显小于发育正常的一侧，这种情况是不会给生活和生育带来问题的，在将来也不会影响宝宝的奶水。

小丫头，了解了这些内容之后，你心中的大石头是不是终于落地了呢？

其实乳房在发育的时候出现一大一小的情况是很正常的，有时还会出现一侧乳头挺出，而另一侧的乳头却内陷的情况，这些情况如果没有给你带来不适的感觉，且又是一直存在的，并不是某一天突然出现的，那你就不用担心。只要不是太过明显就都是没问题的啦，等到你过了青春期就会发现其实两侧乳房还是基本一样大的。

如果两侧乳房不均太过明显，已经影响了美观的话，也可以到医院进行手术，等到手术之后就与普通人没有区别了。

很多人都会在青春期产生乳房发育不均衡的现象，但是随着发育的进行和年龄的增长，两侧乳房的差异会逐渐减小到连你自己都无法发觉，也根本不会对你的身体与日常生活有任何影响。所以，不要郁闷啦，这根本不是病。

如果你两侧的乳房之前大致均等，但是近期突然出现了大小不一的情况，比如有一侧的乳房突然增大，或者是一侧乳房皮肤的颜色有改变，又或者是一侧乳头出现了与之前很不一样的回缩症状，并且这些情况还伴随着疼痛和瘙痒，就需要引起重视了。应该及时去看医生，千万不要自己觉得没什么就错过了最好的治疗时间。不要总是拖着不看，其实检查一下也不会花费多久的时间，毕竟健康才是最重要的，提前预防有可能的病变，才能使自己远离疾病。

**【小小提醒】**

处在青春期的你们一定已经发现了自己身体和心理上的种种变化，面对这些问题，先不要急着自己下结论，以免造成恐慌和心理负担。有句话说得很对，“想象力最丰富的就是我们自己的心”。所以在遇到什么情况时，一定要及时与父母沟通，看一些相关的资料、书籍也是不错的解决途径，千万不要杞人忧天，草木皆兵。青春期的你们身体和心理都处于一个不稳定的状态，一定要保持良好的心态，积极地接受这些变化，不要让这些问题成为你们的困扰，影响正常的学习和生活。

# 6 没有乳房行不行？

【我的困惑】

乳房的发育要我注意这个，注意那个，而且在发育的这段时间里，乳房还不时会有疼痛感，乳房到底有什么用啊？没有乳房行不行？

【敞开心扉】

小丫头，这个问题看似很好回答，却也有一定的技术含量，不过不要着急，看完姐姐的解释之后你一定会明白的。

乳房开始发育，证明你已经进入了宝贵的青春期。这个阶段是人体迅速生长发育的关键时期，你是不是已经注意到了自己身体内外巨大而奇妙的变化呢？从外观来看，变化得最明显的大概就是乳房了。你从“小平胸”变成了有曲线的小美女，过程看似平凡，但是实际上在这期间，你要接受许许多多的变化，前面提到的乳房胀痛和有肿块就是其中很常见的两种病症。那乳房要经历这么长的时间才能发育成熟，它到底有什么用呢？

小姑娘，你一定不记得你小时候窝在妈妈怀里吃奶的样子了吧？奶水从哪里来呢？当然是乳房啦。妈妈怀孕以后身体就会产生一种叫作催乳素的物质，在这种激素的刺激下，乳房就会分泌出养育你长大的乳汁。你在妈妈的怀里，依靠妈妈的乳汁渐渐长大，从小婴儿变成蹒跚学步的孩童，这个过程是不是很神奇？

乳房的第二大作用就是美观，想要变成有玲珑曲线的小美女，乳房可是起到了很重要的作用呢。都说完美的曲线是S型，如果失去了乳房，那S就会失去一个很重要的突出部位。丰满的乳房不仅象征着你的健康发育，而且还能让你看起来更漂亮、更有魅力。想想看，平胸小女生和丰满小美女你会选哪个？是不是会毫不犹豫地选择后者？

既然知道了乳房的作用，那是不是要好好爱护它啊？在日常生活中要注意多多补充一些蛋白质、维生素，还要多吃一些微量元素含量较高的食物，尽量不挑食、不偏食，切记不要为了苗条的身材而去刻意减肥，刻意减肥不仅对身体健康不好，对乳房的发育也是有害的。要知道如果没有足够的脂肪，乳房也是不会丰满起来的。

但是乳房的发育也是因人而异的，所以不要太过介意乳房太大或太小，一般乳房的大小都是差不多的。在睡觉时尽量不要穿文胸，也尽量不要趴着睡和仰着睡，侧身睡觉是不错的选择，还能在一定程度上缓解乳房大小不一的状况。

【小小提醒】

进入青春期，女性的乳房开始发育，经过乳头突出、乳晕变大、乳房形成小球，一直到乳晕及乳头隆起，乳房逐渐变成球状，再到最后乳房发育成熟定型，这段时间看起来有些漫长，其间还会出现很多让人担心的小状况。不过只要注意营养均衡，坚持适当锻炼，再加上你的格外呵护，你的乳房就一定可以健康发育。小姑娘，你在渐渐长大，渐渐地变成小美女，一定要保持良好的心态。你要相信，到最后你一定可以变成自己心目中的样子。

# 7
# 脸蛋被可恶的痘痘毁了！

【我的困惑】

最近我脸上突然长了不少痘痘，难看死了，感觉自己原本光滑美丽的脸蛋，都快被这些可恶的痘痘毁了！这些可恶的痘痘就是他们说的青春痘吗？

【敞开心扉】

青春期真是美好又奇妙，我们不仅能享受成长，感受由稚嫩到成熟的蜕变，也要接受它带给我们的种种考验。

小丫头，你一定是长青春痘了。

这种痘痘因为一般产生在青春期，所以才得名青春痘，当然，它一直困扰着许多人，我曾经就被它困扰过好久。可是，为什么青春期容易长痘痘？长了痘痘我们又能做些什么呢？

青春痘一般是因多余的皮脂堵住了毛孔而产生的，毛孔堵塞以后，毛囊里面的皮脂就排不出来，日积月累就会形成令你烦恼的青春痘。不过并不是每个处于青春期的女孩都会有青春痘，也许你已经注意到了，有些女孩一直都没有青春痘，皮肤一直那么光滑细嫩，这是为什么呢？我想一定是她们平时注意了以下几点，如果你想缓解长痘痘的情况，那就仔细照着下面的方法做吧！

早睡早起身体好，尽量避免熬夜和睡懒觉，它们可是青春痘的好朋友。熬夜每每导致睡懒觉，于是青春痘就会被召唤出来了。

洗脸的时候要用温水，还要仔细把脸洗干净，不给青春痘任何可乘之机。不过你可要注意了，虽然洗脸是保持面部清洁的好方法，但也不能洗脸过度，洗脸的次数太多会导致皮肤的抗菌能力下降，所以只要适当注意就好了。准备一款适合你的洗面奶，纯植物的就不错。

常常与脸部接触的东西，比如床单、被子、毛巾、枕头等等，一定要注意保持清洁卫生，并且要常常拿到太阳底下晒一晒，太阳照射不仅使被子比平时更加暖和，还能杀死被子上很大一部分的细菌，所以一定要做个爱干净的好孩子。勤晒被子，就会把阳光放进被窝里，晚上睡觉时还有好闻的阳光味道呢。

如果你经常喜欢用手摸脸，还喜欢抠脸上的小痘痘，那你可要注意了，手指上的脏东西会促进青春痘的滋生，而在你抠掉痘痘的地方，还会留下很难消除的痘印，是不是很恐怖？如果不想难看的痘印一直留在你的脸上的话，最好还是把摸脸、抠痘痘的坏习惯改掉吧。

还要注意养成每天运动的好习惯，运动可以促进新陈代谢，对肢体健康和皮肤健康都有好处。不过最重要的是持之以恒，只有坚持下来，才能让你的皮肤得到改善，想要青春痘消失得彻底一点，适度的体育锻炼必不可少。

最后是饮食方面的，常吃蔬菜，不吃刺激性的食物对消灭青春痘有益无害。胡萝卜与菠菜都有增强身体对细菌抵抗力的作用，而青椒和花椰菜也有很明显的抗菌效果，小姑娘可不要挑食、偏食啊。

**【小小提醒】**

养成良好的生活习惯对于青春期的你们来说是至关重要的，一个好的生活习惯不仅能避免疾病发生，抑制青春痘滋生，更能让你充满朝气。好的习惯可以伴随你一生，也会让你受益无穷。所以，我可爱的小姑娘，快快把坏习惯改掉吧，就从现在开始，做一个自信而又美丽的女孩。

# 8
# 我的屁股怎么变大了？

【我的困惑】

前两天拿出去年的裤子，结果发现我穿不上了，屁股不知道为什么变大了，还能不能变回去啊？屁股大很难看的！

【敞开心扉】

屁股变大可是个困扰很多你这个年龄段的小女生的问题，你突然发现，去年最喜欢的那条裙子穿上时变紧了，以前的裤子也不能穿了，但奇怪的是自己身体其余的部位却并没有发胖，偏偏屁股变大了，这是为什么呢？解决这个问题就要从青春期的第二性征开始解释了。

青春期的你们会出现第二性征。对女孩而言，第二性征包括说话的音调不自觉地变高，乳房也逐渐丰满起来，还会出现很多之前没有的毛发，而你的骨盆也会生长发育，这就是为什么你会突然发现自己虽然没有变胖但是屁股却变大了的原因。

屁股和大腿上一般都会有脂肪堆积，所以不仅仅是你的屁股会变大，处于你这个年龄的女孩们都会有这种情况发生，因此不要太过担心，也不要因为屁股变大了就开始郁闷纠结，还想要用各种方法减肥。姐姐这里有一些方法可以缓解这种状况哟，快点来学一学吧？

首先要确定你是不是一个大骨架的女生，如果你恰好是一个大骨架的女生，那就要注意不要长期坐着，也不要在跑完步或是做完激烈体育运动之后久坐不起。很多女孩在进行完体能测试后都会坐在跑道边上休息，这样做是很不明智的。长跑之后，应该先沿着跑道走一走，等到呼吸正常了再休息就不会使脂肪堆积在屁股上。千万不要在剧烈运动之后就一屁股坐在地上，这样做会使你的屁股变得更大呢，是不是很可怕啊？

如果你是一个小骨架的女孩，那就要注意在平时多做些体育锻炼，适当的锻炼不仅能帮你保持良好的体形，还能让你更加健康和阳光。不要刻意减肥，这会影响你的身体发育。小骨架的女孩肉肉多了也不会很明显，倒是这些肉肉会让你看起来更加可爱，所以，如果你是个小骨架的女孩，那就多多锻炼吧，这会让你看起来更加光彩照人呢。

我们都说拥有玲珑曲线的女生最美，拥有玲珑曲线除了乳房起到了关键作用以外，一个圆润而翘翘的臀部也是必不可少的。拥有丰满的乳房和恰到好处的臀部才是最美最健康的。

丫头，你一定见过旗袍吧？是不是很漂亮？但是屁股小的人穿旗袍可不漂亮，所以想要拥有玲珑曲线，圆润且翘翘的臀部也是必不可少的哟。

我亲爱的小丫头，不要继续烦恼下去了，屁股变大是正常的现象。

【小小提醒】

随着你认识的不断加深，是不是青春期也变得不再神秘了？在青春期，你逐渐变得独立起来，在精神上也开始逐渐脱离父母。在这期间，你要学会和父母、老师沟通交流，也要学着控制好自己的情绪，遇到事情不要急着反抗、争辩，静下心来，也许你会有意外的收获。保持一个良好的心态去面对身体以及心理的变化吧，做个阳光快乐的青春期少女，才是最最要紧的事儿。

# 9
# 我是变老了吗，怎么长了白头发？

【我的困惑】

我才是个初中生就长出了白头发，不是只有老人才会有白头发的吗？我是不是变老了啊？还是未老先衰？

【敞开心扉】

小丫头，不要发愁，虽然长白头发的人一般都是老人，但也并不是只有老人才会有白头发啊，青少年也是会长白头发的，所以不要再为这个不开心了。

我们的头发为什么是黑色的，这要从黑色素说起，人的头发基部会有一种黑色素细胞，而黑色素细胞的功能强弱就决定了你头发的颜色，一般35岁以后头发基部的黑色素细胞的功能开始逐渐衰退，有些中年人从这时候起开始有了白头发，并且年纪越大白头发就越多，直到变成满头白发。而青少年很少会出现白发过多的情况，我们把过早出现白发的现象称作“少白头”。

青春期的小女生长白头发的原因有很多，比如，学习压力过大，心理压力过大，营养跟不上等等，这些都会造成内分泌失调，阻碍黑色素生成，从而导致白头发的出现。既然找到了原因，那我们就对症下药吧！

首先要保持良好的心态，放松心情去对待平时生活中的压力，紧张或是焦虑的情绪都会导致白发的增加，所以学着保持愉悦的心情是很重要的。

营养缺乏也可能会导致你过早出现白发。比如蛋白质、维生素，还有微量元素的缺乏都会导致白头发的产生，青春期的少男少女对能量的需求要高于成年人，所以保证营养充足就显得尤为重要。那该如何做呢？

首先要保证鱼、肉、蛋、奶和新鲜蔬菜、水果的供应，因为青春期的身体发育对蛋白质的需要尤为突出，所以在平时的饮食中，就需要刻意增多豆类食品和动物性食品的摄入，维生素A、B、C、D以及钙、磷和微量元素的补充也需要格外注意。

其次要养成良好的饮食习惯，少吃零食，不要挑食，也不要为了保持身材而故意节食，更要尽量避免暴饮暴食，家长需要针对青春期孩子的挑食、偏食情况合理安排膳食。

然后还要养成每天吃早饭的习惯，营养充足的早餐，不仅对青春期的孩子有着补充营养、促进身体正常发育的作用，还会影响孩子一整天的学习效率。

适当的体力劳动和体育锻炼也是很有必要的，运动可以全面地促进青春期少男少女的身体发育，改善心肺功能，还能消耗脂肪，释放压力。

出现“少白头”，还可能是因为遗传。如果你的爸爸妈妈有过“少白头”的经历，那你就很有可能也出现这种情况，不过也不用紧张，因为这种遗传情况很少发生。就算是“少白头”出现在了你的身上也没必要纠结，只要坦然面对就好啦，这没什么大不了的。

【小小提醒】

经常用手指按摩头皮或是梳头，可以增强头部的血液循环，让发根获得更多的营养，也可以减少白发的出现。选购洗发、护发用品时，也要多加注意，尽量选择纯天然的适合自己的产品，洗头时要注意将头发上的泡沫清洗干净，残留下来的物质可是有害于头发生长的。小姑娘，仔细地记住这些并且认真地实行下去，不久之后你就会发现头发不仅柔顺了许多，“少白头”的烦恼也消失不见喽。

# 10 腋毛丑死了，我想把它除掉！

【我的困惑】

腋毛很难看，夏天穿裙子一抬胳膊就能看到，丑死了，腋毛到底有什么用？能不能像电视上的明星一样把它除掉呢？

【敞开心扉】

小丫头，先别急着把腋毛除掉，因为腋毛除了会影响美观之外，并没有影响我们的正常生活，相反的，腋毛的存在对我们还有很大好处呢。

同乳房一样，腋毛也是女性的第二性征之一，腋毛是因人体肾上腺分泌雄激素而产生的，每个人都会有，大概在14—15岁时就会出现。你是不是发现长了腋毛以后夏天腋窝里总是汗涔涔的，很不舒服？有时候你出汗多了，腋窝还会发痒，但是因为周围有人，又不好意思搔痒，就会格外地觉得腋毛碍事儿。

在这里就要提到腋毛一个很重要的作用：避免汗水流下来。你是不是也发现了这一点呢？腋窝里出的汗全都留在腋窝里了，并没有见过谁的汗从腋窝里流下来。但腋窝出汗，如果不及时清洗，你就会闻到难闻的气味。所以，养成良好的个人卫生习惯也是很重要的。不管在什么时候，良好的卫生习惯都是不可缺少的，这样你们才是新时代的小女生啊。

腋毛除了有以上作用外，还有防菌和缓解摩擦的作用。想想腋毛生长在哪里呢？腋毛长在腋窝里，因为腋毛长在我们的体表，所以它能够很有效地阻止外来细菌和灰尘对腋窝的侵袭，自然也能够很好地保护我们的皮肤。

当我们的手臂活动时，会产生摩擦力，时间久了，也会对腋窝造成影响，这时候就体现了腋毛的作用。腋毛可以很有效地减轻摩擦，保护腋窝的皮肤不受伤害。

所以，我们应该正视腋毛的存在，毕竟长腋毛是一种正常的生理现象，无论你用什么方法也不能阻止腋毛生长。尽管如此，也有很多像你一样的女孩，因为腋毛难看就想除掉它。如果你实在想除掉的话，千万不要自己拿剪刀剪或是用剃须刀剃，若是一个不小心伤到了腋窝的皮肤，很有可能会引发感染，对身体不利。

仔细权衡一下，为了美丽而冒腋窝皮肤受伤害的风险是不是值得的呢？如果还是拿不定主意就去咨询一下爸爸妈妈吧，他们一定会给你一个满意的答复。不过我个人建议还是不要去除了，因为腋毛总还是会长出来的，并且如果去除得不干净还会有扎扎的感觉。失去了腋毛的保护，不仅会因为摩擦给腋窝皮肤带来负担，还会在夏天的时候影响散热，多难受呀。

**【小小提醒】**

很多时候我们都会为了美丽而忽略了健康，殊不知健康的你才是最美丽的。电视上的明星们是因为要常常出现在公众场合，为了美观才选择除掉腋毛。作为一个刚刚进入青春期的小女生，完全不必刻意追求美丽。保持乐观的心态，每天坚持锻炼，再加上拥有良好的卫生习惯，那你就已经是最美丽的你自己啦。

# 11
# 私密处长了好多恶心的毛毛!

【我的困惑】

洗澡的时候我发现自己下面私密处出现了好多毛毛，黑黑的，看起来好恶心啊！为什么会长这些毛啊？怎么做才能去掉毛毛呢？

【敞开心扉】

想要解决这个问题，还是要从正确的认识下手，说到这里，姐姐又要开始唠叨啦。

小丫头，那些你觉得恶心的毛毛叫作阴毛，是一种生长在我们外生殖器官和大腿内侧的毛发。其实这些毛毛在你儿童时期就存在了，只不过当时它们只是稀疏的绒毛，并不会引起你的注意。

阴毛这个词一般是指，因为雄激素水平上升而导致的较浓密，同时还会出现卷曲的毛发。青春期的你正在发育，当生殖器官逐渐发育成熟时，就会出现外生殖器官长出阴毛的现象。这是种正常的现象，每一个女孩到了这个阶段都会出现，所以不用担心。

有很多女孩因为觉得这些毛毛恶心，也会像你一样想要把它们去掉，这样的想法是不好的。因为阴毛也并不是毫无用处的，阴毛既然存在就一定有其存在的理由。其实这些阴毛是为了保护我们的身体才长出来的，阴毛能够吸收外生殖器官分泌出来的汗和黏液，向周围发散，有益身体健康。同时这些阴毛还具有保暖作用，能够保持卵子的生存温度，你看，它们是不是很厉害呢？

还记得前面我们讲到腋毛可以减轻摩擦吗？阴毛也可以减轻摩擦，再者由于女性外阴的汗腺很丰富，出汗很多，加上外阴的部位又比较隐蔽，很容易透气不良，而阴毛恰好可以起到通风换气的作用。现在你是不是恍然大悟了？如果去掉了阴毛，而我们的外阴又被层层衣裤包裹着，那一旦出汗了该有多难受呀，严重的还很有可能引起感染，到时候后悔都来不及了。

我国少女一般在 14 岁时阴毛开始生长得明显了，到了 17、18 岁，阴毛的状况就基本定型了，在以后的日子里也基本不会再有所改变。当然了，阴毛的生长也会出现例外情况，比如有些人会阴毛稀疏或者没有阴毛，这是由于人体肾上腺所产生的雄激素水平不到位，或是外阴毛囊对雄激素的敏感度不高。所以，稀疏或是不长阴毛也不是一个好现象，小丫头，你长了好多毛毛恰恰是你身体健康的证明。如果不出现阴毛或者阴毛格外稀疏，才需要你担心呢。

不过，如果自己真的出现了阴毛稀疏或是不长阴毛的现象也不要过于担心，只要其他的第二性征，如乳房的发育，体形的变化、声音的变化和月经来潮正常的话，阴毛单方面发育不健康也不会对正常的生活造成什么影响，所以千万不要根据片面的情况就太过武断地判断自己的身体状况哟。

小丫头，了解了这么多的知识，现在的你还有困惑吗？是不是已经对阴毛有了新的认识呢？

【小小提醒】

很多时候人们会质疑一些看起来不美观或是恶心的事物存在的意义，但不管怎么说，既然存在就一定有其存在的理由。对于阴毛，千万不要单方面，自作聪明地想出一些办法来影响它们的生长和发育，也不要为了美观而刻意改变天生固有的体征。

我亲爱的小姑娘，青春期是一个充满了未知与奇妙的阶段，跟着我的步伐，让我带你慢慢了解青春期的奥秘。青春期就是这样的，既充满了开心，又存在着烦恼，不过这些都是你们要经历的，这些是你们宝贵的财富。

# 12
# 平躺时，我的下身怎么隆起了？

【我的困惑】

进入青春期之后，我渐渐发现下身开始不像之前那么平坦了，有些微微隆起，这难道也是正常的现象吗？

【敞开心扉】

丫头，你是不是在平躺的时候这种现象格外明显？下身隆起并不是什么新奇的事情，只要了解了我们女性骨骼的结构，你就知道是怎么回事了。

女性在平躺时下身显得突出，不是什么新奇的事情，你只要了解女性骨骼的结构，就会发现，其实在女性外阴上有阴阜的部分，里面是骨盆，有些女性的骨盆比较粗，从而导致阴阜鼓起，显得很突出，尤其是在躺着的时候。但这个是有利于将来怀孕时支撑沉重的胎儿的，是好事，所以也就不必放在心上啦。每个人的阴阜都会微微隆起，你并不是一个特例，所以这种担心也是很没必要的，因为这完全是一种正常现象。

那什么是阴阜呢？其实阴阜就是隆起的外外阴位，它像个小山丘一样微微鼓起来，这里的皮肤和脂肪层很厚，如果你还不理解的话那就直白点说，其实阴阜就是长着阴毛的外外阴位，这下明白了吧？自己也可以按一按，确实软软的，有很多的脂肪存在，所以隆起就很自然啦，就像是肚子上的“游泳圈”，脂肪越多就越明显。

现在的你正处在青春期，身体的各个部位都在发育，阴阜也开始变得丰满起来，阴毛也会变得浓密起来。所以你的下面，也就是阴阜微微隆起也就不是什么新奇的事情了，这完全是正常现象，不用担心也不用觉得别扭。也许你的好朋友下身依旧是平平的，丝毫没有隆起，这只能证明你比她发育得好、发育得快，以后她们也会出现这种情况的。

隆起是种正常的现象，千万不要感觉这样很特殊哟，如果过分担心的话，很容易让自己的心情焦虑起来，还会影响你的生活和学习呢。其实只要多多掌握一些生理知识就可以完全搞定这些问题啦。

我知道你一定不好意思问同学这个问题，那就咨询一下妈妈吧。让妈妈也平躺下来观察一下，看看妈妈是不是跟你的情况一样，这样能让你安心很多。也许妈妈在像你这样大的时候，也曾有过这样的困惑呢。去请教妈妈吧，这可是明智之举呢。

【小小提醒】

青春期的你们身体各方面的变化都是比较明显的，出现什么情况不要惊慌，要多多地咨询老师和父母，千万不要憋在心里，独自纠结，因为这样完全不会起到任何作用，还会影响一天的心情。所以，做个不懂就问的小女生吧！展现你的青春活力，也向父母展现你好奇心重的一面，没什么可害羞的。今后你的身体还会出现很多的变化，并且心理也会跟着有一些微妙的改变，千万不要一个人闷着思考，多多咨询才是正确的方法，小丫头，一定要记住哟。

# 13
# 我的身体怎么往外流白色的东西?

**【我的困惑】**

有天我去洗内裤，发现内裤上沾了白色的东西，平时也能感觉到自己下面流一些东西，这是什么情况啊?

**【敞开心扉】**

小姑娘，看来你是个勤快的小女生，自己的内衣自己洗是个很棒的习惯，一定要坚持住。在了解自己一点一滴变化的同时，还能给妈妈减轻负担，这可是一举多得的事情。白色东西的学名叫作白带，是从我们的阴道中流出来的带有黏性的液体，通常是白色的，不同的颜色也在一定程度上预示了身体的一些情况。

白带的成分是什么呢?这里就有一点难懂了，不过你可要耐心地看完它呀。

白带通常是由前庭大腺、子宫颈腺体和子宫内膜的分泌物，还有阴道黏膜的渗出液，以及脱落的阴道上皮细胞混合而成的，成分是不是很复杂?白带中还含有一定量的抗体与乳酸杆菌等，因此白带具有抑制细菌生长的作用，是不是很神奇?

白带的颜色及量的多少也预示着一定的身体情况。一般在月经中期白带会增多，此时的白带是稀薄透明的，不容易察觉，之后会变得黏稠，并且开始出现量少和浑浊的情况，月经前和怀孕期间也会出现白带增多的现象，所以，白带增多是一个推测月经即将到来的好方法。

呀，姐姐忘了你还不知道什么是月经呢，可以和你简单说说，月经就是每个月下面“流血”的情况。现在还是不太懂的话没关系，我们后面就会提到啦，在这里先有个印象就好，之后姐姐还会为你详细地解答。

白带的颜色、气味与量的多少发生异常变化就称为白带异常，因为和平时不一样，所以才被称为是异常情况，不过这种情况大多数是不注意个人卫生引起的，可见个人卫生多重要。平时只要用清水清洁外阴就可以了，如果没有妇科病，最好不要使用电视上的那些女性洗液，因为这些洗液很可能会破坏阴道的自动洁净功能，也会由此导致有些病菌乘虚而入，造成阴道感染等情况。女性洗液是在外阴出问题的时候使用的，你们现在还不需要，毕竟是才刚进入青春期的小女生。

如果自己有什么地方把握不好的话，就向妈妈咨询一下，妈妈可是经验丰富的过来人，她一定能给你正确的引导，同时还会告诉你许多书中没有提到的小知识。平时多多阅读一下相关的书籍，可以帮助你明白许多问题，如果不好意思开口问就多多看书吧，在增长知识的同时，还能及时就身体的变化对症下药，一举两得。

【小小提醒】

平时注意观察是个很好的习惯，这样可以避免一些情况的发生，也可以为今后身体变化做出合理的准备。小丫头也要长大了，自己能做的家务活儿就帮妈妈多多分担吧，洗自己的衣物就是一种不错的方法。随着年龄的增长，你是不是也开始觉得让别人帮忙洗内衣有那么一点点不好意思呢？那就更应该自己动手洗了，这样不仅能让你变得更加勤劳，还能帮助你早日发现问题。遇事多多询问、多多思考、多多看书可是不错的习惯，小丫头，你可要继续加油哟！

# 14
# 我怎么尿血了，是得了绝症吗？

【我的困惑】

课间上厕所时发现内裤上有红色的痕迹，肚子还有点难受，放学回家才发现血迹越来越大，我这是不是尿血了啊？是不是什么绝症，会不会死啊？我该怎么办才好？

【敞开心扉】

小丫头，你是不是正怀着复杂的心情期待答案呢？这是你生命中第一次出现这种情况，一定很害怕吧？其实，没什么可害怕的，这是正常现象，可不是你自己认为的尿血。还记不记得前面我们提到的“大姨妈”这个词？其实，你是第一次来“大姨妈”了，而在生理上，我们把这种现象叫作月经初潮，这证明你又向着成熟迈出了坚实的一步，你应该开心才对呀！

月经一般一个月左右就会出现一次。要明白为什么会出现月经，这还要从头说起，这里面可是有些会让你看了头疼的名词哟。

女性内生殖器官包括卵巢、输卵管、子宫、子宫颈和阴道。卵巢，就是产生卵子并且合成卵巢分泌的管道激素的地方，子宫就是你在妈妈肚子里时住的地方，输卵管就是输送卵子的管道，卵巢里有好多的卵泡。

到了青春期，卵泡就会在促性腺激素的作用下开始逐渐发育，卵巢也会跟着产生变化，子宫内膜自然也会受到影响。体内的雌激素会使你的子宫内膜变厚，排卵后子宫内膜还会产生变化，这时的子宫内膜被称为分泌期子宫内膜。因为卵子并没有受精，所以在排卵后的 14 天左右，你的子宫内膜就会坏死脱落，于是就会出现出血的症状，这就是月经来潮，这下子你明白了吧？就是因为子宫内膜的脱落才产生了月经哦。

因为你还没有发育完全，所以这个时期你的月经周期还不稳定，不过等到以后月经周期就会变得越来越稳定了，不要心急。一般在月经期，都会有腰酸、小肚发胀等症状出现，严重的甚至还会出现肚子疼的情况，这时候女生情绪也不会很好，所以需要你自己努力控制一下。其实情绪激动、脾气暴躁也属于正常现象，等这段时间过去了自然就不会这样了。这可是我们女生特有的生理期，发个脾气也不会有人责备，但是也要学着去控制一下，毕竟坏脾气还是会伤害别人的。

在月经期间一定要注意个人卫生，勤换卫生巾是一定要做的，不然既不卫生，还容易使自己的裤子沾上血迹，被同学看到多不好意思。到了现在，你是不是已经明白了之前提到的月经呢？之前的疑问是不是也解决了，我就说会在后面提到的。

月经期间还要保证充足的睡眠，尽量避免吃一些刺激性的和凉的食物，比如辣椒和雪糕一类的，都要尽量少吃或者不吃。还要注意多喝热水，不要剧烈运动，否则很容易加重肚子疼的状况，也会延长月经的时间，这样是对身体有害的。最主要的当然是要保持乐观的心情啦，月经是正常现象，很快你就会发现周围的许多小伙伴也都有月经了，所以下次再遇到的时候千万不要害怕，也不要怀疑自己是不是得病了。

【小小提醒】

其实月经初潮的年龄会受到很多因素的影响，比如种族、体质和运动情况等等，所以每个人月经初潮的年龄也不尽相同，而每次月经来潮，女性的情绪就会不由自主地烦躁起来，这时候可要避免发火，自己要稍微控制一下。其实在月经初潮之前会有很多先兆，比如你的体重突然增加，乳房开始出现乳晕并且有硬结，白带是褐色等等，只要你能以平常心对待这些变化，那下次月经光顾时，自然就可以从容面对了。

# 15
# “大姨妈”来时肚子疼是正常的吗?

【我的困惑】

“大姨妈”到来的那几天肚子总是有种说不上来的疼，我这是不是得病了?是不是不正常啊?

【敞开心扉】

偶尔出现的经期腹痛是正常现象，这样的疼痛不是痛经，那什么情况才算是痛经呢?

痛经在女性中比较常见，月经来潮时有些女生会出现小腹痉挛性疼痛，很多人会疼得无法正常工作和学习，此种情况就被称为痛经，这跟身体情况以及个人习惯和月经初潮的早晚有很大关系。

痛经有两种情况，第一种是每次月经都会出现，这是原发性痛经。还有一种是行经数年或十几年才出现的经期腹痛，这就是继发性痛经了。说到这里，你该知道自己到底是不是痛经了，如果是痛经又是属于哪一种了吧?

痛经虽然看起来很严重，但也并不是没有办法缓解的，平时要有充足的睡眠和平衡的营养摄入。适当的锻炼也是必不可少的，这样不仅能够增强体质，还能有效地缓解痛经症状。避免食用过甜或过咸等刺激性食物，应该有选择地多吃一些蔬菜、水果、鸡肉等等，还应该尽量少食多餐，以帮助消化、促进吸收。

还可以通过补充矿物质来缓解痛经，可以选择在月经前夕或月经期间增加钙和镁的摄取量，月经期间要避免摄影入咖啡、可乐等含有咖啡因的饮品，酒是一定不能喝的，如果你会在月经期间出现水肿的情况，那么酒精就会加重这种情况，为了身体的健康和月经期间不那么难受，适当忌口也是应该的。

如果真的是痛经也不要有心理压力，因为很多人都会有痛经，在月经期间一点感觉都没有才不正常呢，并且痛经也是可以缓解的，千万不要有太大的心理压力，良好的心态很重要哟。

月经期间要注意保暖，不参加会使腹部震动的剧烈运动，比如俯卧撑、仰卧起坐、跳高和跳远等。虽然月经期间要避免剧烈运动，但也并不是什么都不干，很多的女生在认识上有误区，认为月经期间什么都不干才对身体有好处。其实月经期间进行一些适当的体育锻炼是没问题的，只是要注意把握好度，别让自己的身体过于劳累，也不要进行剧烈运动，散步是不错的选择。和朋友一起到公园走一走，锻炼身体的同时也能缓解压力。

如果月经期间，正好赶上了体育课，肚子痛又实在坚持不下去了，请个假也没什么大不了的，千万不要勉强自己，累坏了身体。如果条件允许，请个专业的健身教练进行月经期运动的指导也是不错的选择。

小丫头，下次体育测试的时候如果是在月经期间，你该知道怎么做了吧？

**【小小提醒】**

月经期间要格外地注意保暖，我们的身体本身就对寒冷很敏感，如果月经期间着凉的话就会更加难受，不但容易出现经量过少，还有可能出现闭经的情况。

月经期间还要保持外阴的清洁，坚持用温水冲洗外阴，以免造成身体的不适。

月经期间还要保持良好的心态，一个良好的心态往往能改善身体的状况，心情好才能减轻月经期间的不适。

# 16 月经流那么多血，我会不会贫血啊？

【我的困惑】

我发现有的人月经来潮的持续时间比较长，有的人比较短。月经期间到底要流多少血？我会不会失血过多，出现贫血的情况啊？

【敞开心扉】

小丫头，你观察得还真是仔细，真是个善于发现的孩子。

在日常生活中，大部分人月经来潮的持续时间都会在 3—7 天，太长或太短都是不正常的，如果经常月经来潮持续时间过长，就要到医院去做个检查，及早发现问题并且尽早开始调理。月经血量因人而异，但是一般一次月经出血量在 30—50ml，而月经量多于 80ml 的，一般被认为是病理状态，这就需要及时去医院诊治了。你想啊，要是月经来潮五天的时间里每天都有很多的经血流出，光看着就很吓人了，更别提坦然面对了。

经血一般是暗红色的，看起来是不是很吓人？经血除了含有血液之外还含有子宫内膜碎片和宫颈黏液，还有一部分阴道上皮细胞。一般女生在月经期间没有不适的感觉，不过少数人会出现小腹、乳房胀痛，腹泻的情况，偶尔还会出现头疼的症状，这些轻微的症状不会影响日常的工作、学习和生活。不过如果症状严重，就有可能是痛经，需要在日常生活中格外注意。

有了月经以后女生常常会觉得麻烦，还有人会像你一样担心失血过多。放心好啦，失血过多的情况一般是不会出现的，除非你的身体体质实在太差，承受不住经期血液的流失。所以不用担心，只要你有一个良好的体质，这些失血过多、贫血的事情，就绝对不会出现。虽说月经期间会很麻烦，但月经对女生来说是不可或缺的。

如果超过 18 岁还没有月经初潮，就要到医院检查是不是子宫、卵巢发育不良等疾病了，从这方面看，月经情况还会提示身体某方面的疾病。每月的经血流失还会提高女性的造血功能。

看了这么多，还在担心失血过多吗？我亲爱的小姑娘，遇事不要想得这样悲观啊，失血过多很恐怖的。

【小小提醒】

月经开始的 1—3 天血量会比较多，推荐大家吃麻油姜片炒猪肝，不仅能补铁，还有利于经血的顺利排出。如果你觉得太麻烦了，那就选择简单快捷的红糖煮姜汤吧。不过这些都属于高热量的食物，如果你的体质燥热，或者有皮肤过敏的现象，或者有肥胖、高血压、高脂血症等疾病就不适合了，推荐食用一些含铁元素的蔬菜，比如菠菜，多吃新鲜水果也是不错的选择。

# 17
# 我没胖，但怎么重了好多？

【我的困惑】

上次学校体检，我突然重了许多，可是同学都说没发现我变胖啊，我到底是重在哪里了？为什么会突然变重？

【敞开心扉】

看样子小丫头很担心自己的身材问题呀，体重增加好像是困扰每个年龄段女性的共同问题，不少女孩子明明没胖，还会在见到瘦瘦的女孩之后觉得自己胖了，还会在没搞清楚原因的情况下，为了保持身材展开一系列的减肥活动。爱美之心人皆有之，女人的爱美之心更是强烈啊！

不过，正处在青春期的你发现自己的体重突然增加，并且完全没有从外形上发现自己变胖是很正常的现象，因为你正处在一个身体快速发育的时期，你能长高 10 厘米左右，身体的各个器官都要变大。这时候的你，身体各个部位的生长发育都达到了高峰期；容貌上也会相应地发生一些变化，就像俗话说的“女大十八变”，所以出现体重突然增加的情况非常正常。放宽心就好啦，你并不是身材走样了。

但是如果在这个时间段没有均衡的营养摄入，女孩就很容易出现营养不良或是身材矮小、发育不良的情况。

所以，在这段时间，必须摄入大量的碳水化合物，这个碳水化合物可不是那些饮料，这里一定要注意。除了碳水化合物，还需要摄入足够的钙、铁和维生素等等，充足的营养才能让你的身体更好发育，避免出现发育不良或是发育畸形的情况。

不过，营养过剩也不好，那些多余的营养物质会以脂肪的形式存储在你的身体里，等到你回过神来的时候才发现自己的腿不知道什么时候就变粗了，小肚子上也不知道什么时候就有了小游泳圈，脸蛋儿上也有了肉肉，这种能明显看出来的胖，会让你失去玲珑的曲线。

所以在日常生活中，你们既要做到营养到位，又要能够管得住嘴，垃圾食品尽量远离，爱吃零食的你也要在自己的心里好好权衡一下，一边是美味的食物，一边是苗条的身材，你选择哪个呢？可千万不要等到身材走样了，才后悔啊！

悄悄告诉你，如果是我，我会果断地选择美味的食物，因为姐姐怎么吃也吃不胖呢！虽然有些人是吃不胖的，但是一般人的体质都很正常，所以还是要注意饮食，垃圾食品吃多了不仅对身体没好处，还会带来一系列让你烦恼的肥胖问题呢。

言归正传，想要在青春期保持良好的身材，就要从现在做起。首先一定要有适当的运动，和朋友出去跑跑步，锻炼一下是很不错的。跑步还是一个不错的解压方式，可以让你在运动中释放自己，一举两得。

其次就是在饮食上注意了，不要吃那些热量很高的食物。吃热量高的食物很容易堆积脂肪的，再加上这段时间你们的主要任务就是学习，不运动的时间很长，所以很容易在不知不觉中发胖哟。上学和放学的路上加快步行的速度，也是很不错的选择，这种方式既不占用你的时间，也不会给你带来过多的身体负荷。

【小小提醒】

青春期的你们肯定很注意自己的身材和容貌，不过这时候的你们往往会忽略学习和运动，但是你们要知道，现在的你们最重要的就是学习了。因此就从现在开始加油吧！在课堂上认真听讲，在课下做好作业和预习、复习工作，在闲暇的时候就去户外运动一下，这样不仅能使你保持身体健康，还能促进你身体的各项发育，顺便还能保持身材。

# 18 我怎么好像不长个子了？

【我的困惑】

为什么我会比别的同学矮一截啊？我怎么觉得我好像不长个子了？

【敞开心扉】

这个问题很多青春期的孩子都遇到过，不过你先不用担心，个子的高矮不仅与自身的营养状况、遗传有很大的关系，还跟发育的早晚有很大关系，现在我们就一起来看一看你是属于哪一种吧？

春天可是长个子的好时机，一般在五月的时候注意补充关键性的营养素还能让你再蹿上一蹿。人的身高是由很多方面共同影响的，这其中就包括遗传基因、饮食习惯、生活习惯，还有运动习惯等方面。

然而，能起决定性作用的一般是遗传因素，爸爸、妈妈的身高可以直接影响我们，一般来说，根据爸爸、妈妈的身高，就很容易判断出我们的身高了，你的爸爸、妈妈个子是高还是矮呢？但除了遗传因素外，还有很多因素影响我们的身高。

对正处在青春期的你来说，充足且均衡的营养是很关键的，可每天食用牛奶、鸡蛋等营养食品。其次就是充足的睡眠了，睡眠状态下我们人体分泌的生长激素明显增加，所以一定要保证充足的睡眠，不过这可不要成为你睡懒觉和赖床的理由。

为了保障身体的发育，建议你们最好晚上十点之前就乖乖地上床睡觉。很多的孩子都喜欢晚上不睡玩手机，白天不起，最后被妈妈从被窝里拽起来再去上学，这样的习惯是很不好的，并且长时间在晚上玩手机，还会影响你的视力，万一你因此戴上了小眼镜，就得不偿失了，谁都不想自己漂亮的大眼睛被镜片遮住吧？

除了以上的几个方面之外，适量的运动也是必不可少的，你有没有发现我们基本每节都会涉及运动这一项呢？这就足以证明体育锻炼的重要性了。户外运动有利于你长高，还能让你趁着在户外的时间，好好享受暖暖的阳光，而阳光的照射可以增加人体内活性维生素 D 的生成，有利于身体的发育。运动还能让你们的骨骼发育得更好，这样看来，运动本身就是使身高增长的因素。

一旦错过了最佳的长高时机，骨骺线闭合，或是接近闭合，再想长高就很不容易了，所以说，把握生长发育的黄金时期才是王道。

如果你心里还是放心不下的话，就到医院测一下骨龄吧，结果会告诉你，你还能长多少。这样一来你心里也就踏实了。

【小小提醒】

你是不是也已经注意到了，班上总有一两个小个子，好像从入学开始就没有长高过，总是瘦瘦小小的样子？这种时候千万不要跟着同学们一起起哄，给人家起外号呀，也许人家只是晚长而已，等到个子长起来的时候，没准儿会高过你一头呢。就算哪位同学真的长不高，也不要背地里嘲笑他，毕竟谁都想长高，只是他并没有那么幸运地长高而已。所以，一定要做一个礼貌懂事的小女生，只有你给了人家足够的尊重，才会得到同等的待遇呢。

# 19
# 雌激素会消失吗？

**【我的困惑】**

妈妈说月经会消失，那雌激素会跟着消失吗？

**【敞开心扉】**

既然问到了这个问题，那就从雌激素到底是什么开始讲起吧，这里或许会出现一些让你看不懂的名词，不过只要你耐心地看完它，就会发现其实这些名词并没有想象中那么难理解。

雌激素又叫作女性激素，虽这样叫，但要知道的是，它并不仅仅属于女生哟，男生也是有的，只不过分泌多少有差异罢了。这种激素可以促进女性第二性征的出现，并且维持我们正常的生殖功能，作用大得不得了。它可以刺激我们的身体发育，让我们逐渐走向成熟，更能提高外阴的抗菌能力。雌激素还能和孕激素一起配合来维持女性的月经周期，如果雌激素水平过低或过高，都会给我们带来不小的麻烦。这种激素还有保水保钠的功效，对身体的作用是不容忽视的。

雌激素并不会消失，可是会出现缺乏的情况，雌激素一旦缺乏，就会给我们的身体带来很大的影响，因为我们的体内有400多个部位含有雌激素的受体，子宫、乳房、盆腔、皮肤还有骨骼和大脑中都有。而缺乏雌激素则有可能带来一系列的后果，是不是很严重？

首先乳房的大小就取决于雌激素的水平。而一旦进入绝经期，雌激素水平就会下降。什么是绝经期呢？就是再也不会来月经的时期，一般到了50岁左右女性才会进入绝经期，对于你们来说那个年龄还很遥远。雌激素水平的下降自然就会导致乳房萎缩，还会出现乳房下垂、乳头向下等情况，进而影响女性的外形。谁都想自己有玲珑的曲线，所以到了一定年龄可以补充含有雌激素的食物。

雌激素的缺乏还会导致骨质疏松症，因为雌激素参与了我们骨骼的形成，所以雌激素一旦缺乏就会导致钙的流失，出现骨质疏松的情况。你会在日常生活中发现，一些老年妇女骨折的概率很大，这就与雌激素水平有很大的关系。雌激素的缺乏还会使我们的皮肤明显缺少弹性和光泽，甚至变干、出现皱纹等等，一般 25 岁以后就开始出现这些情况了。

雌激素的缺乏还会使我们出现弱视、失明、牙齿脱落等一系列的症状，可见这种激素的重要。有许多的食物都可以被用来提高人体内雌激素水平，比如蜂王浆、谷物、芝麻、洋葱和葡萄酒等等，爱美的女孩可要在生活中多多食用哟。如果自身的雌激素水平严重偏低，要切记在医生的指导下，才能服用一定量的雌激素药品，千万不要擅自服用，如果服用不当的话，还会造成人体内分泌失调等病症。所以，无论做什么事情都要适度，不然只会适得其反。说了这么多，小姑娘，现在的你是不是已经完全明白了呢？

【小小提醒】

豆类食品中含有大量的植物雌激素哟，多吃还能预防癌症发生呢，是不是一种很棒的食物？如果你不怎么喜欢豆类食品的话，可要从现在开始学着慢慢接受喽，毕竟与你的美丽和健康息息相关呢。补充维生素 D 也是提高体内雌激素水平的一种不错的选择，牛奶和鱼类中含有较多的维生素 D，建议在日常生活中多多食用。很多人都喜欢快餐，可是快餐对我们的身体是有很大伤害的，建议平时尽量避免吃快餐，不过偶尔吃一次还是没关系的，千万别养成了吃快餐的习惯。

〈第二章〉

# 他让你充满好奇

小姑娘，你是否已经发现，身边的一些小男生好像一瞬间就长高了很多，而且他们说话的声音，好像也和以前不一样了，不再是和你们差不多的尖细嗓音，而是变得低沉了不少呢？你有没有注意到，有些男生竟然还和爸爸一样，长了胡子？只是他们的胡子并不会扎人，还只是毛茸茸的。

我们女孩到了青春期会发生很多变化，那男孩都会发生什么变化呢？这样的问题，你有没有在心里想过呢？你会不会很好奇，男孩是不是也每个月都要来“大姨妈”？会不会好奇，男孩的胸部，为什么没有像我们一样鼓起来呢？你有没有发现，班级里的男孩，好像特别喜欢打架，他们都太冲动了呢？

其实，每个进入青春期的人，都会发生变化，男孩当然也会，只不过他们的变化和我们女孩在有些地方会不同。而且处在青春期的小男生们，每天也有好多好多让他们纠结烦恼的问题，他们的问题一点儿也不比我们女孩少哟。

好了，现在，就让我们一起来看一看，男孩在进入青春期之后，都会发生哪些生理和心理上的变化吧。

你，准备好了吗？

# 1
# 青春期时，男孩和女孩的变化一样吗？

**【我的困惑】**

我们女生有青春期，那么同班的男生也会有青春期吗？他们进入青春期之后，又会有什么变化呢？和女孩一样吗？

**【敞开心扉】**

用一句话来说，青春期，是每个人都会经历的，所以男孩自然也有青春期。不过男孩青春期的开始和结束要比女孩晚两年。而一般中国的女孩青春期从十一二开始，十七八岁结束，这样你就能推断男孩青春期的时间了。经过青春期的发育之后，你们就真正进入了男女有别的时代，不管是身体上还是性格上，男孩和女孩都有了翻天覆地的变化，我想你一定渐渐有所体会了吧。

男孩开始变得越来越好动，喜欢冒险，也喜欢在课堂上捣乱，让老师头疼的往往是那些爱玩爱闹的男生；而女孩开始喜欢扎堆，平时安安静静，完全没有男生身上的那股子冒险的精神。而且在课堂上，女孩通常不会捣乱，这就使她们显得比男孩乖巧懂事了。

男孩不会有“大姨妈”，取而代之的是出现“遗精”现象，这个词是不是很陌生？不用急，我们会在后面为你详细解读哟。而且男孩的乳房也不会像女孩好样发育，不过他们会出现胡子。现在你可能会比班上的男孩还要高还要壮，心里是不是因此而有种骄傲？其实，这不过是男孩还没开始真正的发育而已，千万不要高兴得太早。没准儿哪天小个子的男生，就会一夜之间长高了呢。

你一定发现了，有些女生发育得比较早，而有些又发育得比较晚，男孩也是一样的，有些早熟一点，10 岁之后就开始长个子，成为你们班上个子最高的几个，然而他们长个子的时间比较短，这样他们在青春期结束时往往已经不再是班上最高的男生了。有些男孩比较晚熟，长个子晚一些，但是他们长个子的时间比较长，所以他们在成年之后往往都是大高个儿，还很有可能是瘦瘦高高的呢。

男孩一旦进入青春期，就会在雄性激素的作用下，开始对女孩产生爱慕之情，总是想办法接近女生，你是不是也成了那些男生的目标呢？这个时期的他们很容易犯错，所以你可要谨慎呀。面对异性的关注和喜欢，一定要冷静下来，不要让这些事情影响自己，毕竟好好学习、天天向上才是你们现在最主要的任务。

【小小提醒】

青春期也是“危险期”，青春期男孩会在生理作用的驱使下出现刻意接近女生的行为。这些行为在一般情况下是不必担心的，会有这些想法也是很正常的。只是，有些男生会做出过激的举动，或是在被拒绝后产生不良的情绪，这就需要你多加注意啦。当然，我们女孩也不是好欺负的哟，遇到问题应该及时向父母和老师反映，也要开始学习生理知识，以便能快乐地度过青春期。在与异性接触的时候，也要把握好度，千万不要因为交往方式的问题让彼此产生误解呀。

# 2 男孩体内的雄激素是否会出现不足呢？

【我的困惑】

我已经知道了，我们女孩的体内有雌激素，而他们男孩的体内也相应有雄激素，那么雄激素是否会出现不足呢？

【敞开心扉】

我们都知道，人的身体里有好多腺体，它们会分泌出很多人体所需的特殊物质，这些物质主要为激素。内分泌腺包括垂体、甲状腺、肾上腺、性腺等。这里所说的性腺，主要就是指男性的睾丸，女性的卵巢。

在青春期以前，人体内分泌腺分泌的激素量，几乎没什么变化，在男孩、女孩身上也没有太大差异。但是，进入青春期以后，情况开始发生变化，主要变化就在性激素上。

你已经知道了，在咱们女孩身体里的性激素叫雌激素，而他们男孩体内的性激素叫雄激素，也叫男性激素，主要是由睾丸分泌的，也有一部分是由肾上腺分泌的。

雄激素的主要作用是促进男性生殖器官发育成熟，维持正常的性欲，促进精子发育成熟，促进蛋白质合成和骨骼肌的生长，刺激红细胞的生成和长骨生长（就连他们男孩在青春期长肉、长个子，也有雄激素的功劳），最后还有促进第二性征的发育。

可以说，随着青春期的到来，男孩体内雄激素增多，男孩就会出现喉结突出、变声、长出阴毛等第二性征，并且逐渐向成年人过渡，不仅是生理上的，心理、社会适应能力都会从不成熟走向成熟。

不过，并不是说他们男生的身体里就没有雌激素了，只不过，他们的身体里是以雄激素为主的。而在我们女人这里，当家做主的则是雌激素，只有很少很少的雄激素。

那么，如果雄激素不够多，会出现什么情况呢？不但由它主导的那些身体变化得比较缓慢，男性性功能也会低下，更有严重的，会出现咱们女性才会有的特征。举一个极端的例子，看古装电视剧时，你一定看见过太监吧？太监就是被割掉了睾丸和阴茎，他们基本上就没有了雄激素，所以他们才会出现胡须脱落、嗓音变细等特征，这是因为雄激素没了，自然雌激素就占了上风。

虽然这种情况挺吓人的，但是其实人体内的激素水平一般都会很稳定，不会出现缺乏的状况。所以，除非有特殊情况，否则不能胡乱使用含有激素类的药品、补品，这可能会导致内分泌失调，对身体健康是有害处的。

【小小提醒】

现代科学研究证实，激素是由内分泌腺分泌的。神经系统的影响，情绪上的变化，也可能影响激素的分泌。激素水平正常可以让女孩健美窈窕，皮肤光润，富有青春活力，具有女性的阴柔之美。因此，如果女孩儿想成为一个漂亮美丽的窈窕淑女，就要保持良好的心态。

# 3
# 雌雄两种性激素的作用是一样的吗？

【我的困惑】

我现在知道了身体里含有雌激素和雄激素两种激素，它们的作用到底有什么区别？雌激素和雄激素是一样的吗？

【敞开心扉】

小丫头，这次的问题有点深奥了，很难解释。唉，你肯定会有一天把我问倒的。不过这个问题我还是可以解决的，那就认真、仔细地看下去吧！

雌激素又被称为女性激素，是我们女孩身体里的性激素，还记不记得它是哪里产生的？你一定会想到卵巢，没错，雌激素就是由我们的卵巢分泌的。它可以促进我们第二性征的出现，前面提到的乳房发育，还有腋毛的生长和月经的出现等等都属于第二性征。雌激素具体的功能我们已经在第一章里面提到啦，如果还有疑问就再翻翻前面的内容吧，接下来我们重点讲解雄激素。

同样的，雄激素又被称为男性激素，可以促使男性的性器官成熟和第二性征的出现，同雌激素的作用基本相同。雄激素的作用在男生还在妈妈肚子里的时候就已经显现了，雄激素会刺激小宝宝的内生殖器和外生殖器的形成，如果这时候缺少雄激素，男宝宝就很容易出现发育不全或畸形的情况。

雄激素可以促进男性第二性征的出现，比如喉结的出现、变声以及体毛的出现，如果这时候男孩体内的雄激素分泌过少，就会直接影响第二性征的出现时间，甚至使身体出现异常的情况。

精子对生存条件的要求比较苛刻，而雄激素中的睾酮浓度比一般液体浓度高出许多，这就能给精子创造一个良好的条件，让精子健康地生存在体内。

雄激素还能使骨髓生成更多的红细胞，提高男性骨骼的造血功能，所以男性比女性强壮许多，肌肉也比女性发达，免疫力也要强上许多。

不过男性偶尔也会出现雄激素分泌过多的情况，激素分泌过多主要是由平时的饮食习惯以及环境和精神压力等因素导致的，睾酮的水平逐渐升高，也会在一定程度上抑制体内的雌激素生成。

如果女性身体内的雄激素长期处于过高的水平，那么就会导致雌激素水平过低，引起卵泡发育不成熟，导致不能排卵，进而导致不孕。

虽然雌激素与雄激素被分别称为女性激素和男性激素，但是在男性和女性的体内它们是同时存在的，只不过是存在的水平不同，所以女性往往表现出雌激素作用下的特征，男性则表现为雄激素作用下的特征。

小丫头，这下你明白了没有？

【小小提醒】

与女孩相比，男孩在青春期的生理发育比较迅速，相较而言，他们的心理发育速度赶不上生理发育速度，因此这时候他们就会产生身心发展不同步的状况。

甚至有些男孩会有一些不符合年龄阶段的幼稚行为。其实同女孩一样，在面对这么多变化时，男孩也不知道该怎么办。而男生往往比较粗枝大叶，不会在意许多小变化，以致问题出现了才会突然反应过来，这样隐患也很大。而同龄的女孩往往要比男生成熟许多，而男生本身又不喜欢这种被当作小孩子的感觉，于是他们就会产生不耐烦的情绪。

# 4
# 男孩嗓子上的“包”是什么？

【我的困惑】

爸爸的嗓子上有个鼓起的“包”，我们班有的男孩也有，他们一说话这个包就会上下移动。不过我和妈妈都没有，这是为什么呀？

【敞开心扉】

小丫头，那个“包”的学名是喉结，是男人的标志之一。要解释为什么男生会有喉结，就要先了解人的喉咙了。

人的喉咙有 11 块软骨做支架，这其中有一块最重要的，同时也是体积最大的，叫甲状软骨。你只要知道喉结原本就是一块骨头，无论男生还是女生都是有的就好了。从出生到青春期之前，男女的喉咙是大体一样的，直到青春期以后才会逐渐出现不同，甚至出现很大的差异。

进入青春期以后，身体各项机能增强，而男孩的甲状软骨中的一个部位，会在雄激素的作用下，开始逐渐长大，并且突出来。男生体内的雄激素要比女生体内的多很多，女孩即使进入了青春期，雄激素的水平也还是很低的，因此甲状软骨也就不会像男孩那般发育，也就不会出现像男生那样的喉结了。

你有没有发现，小时候你和异性小伙伴都是尖尖细细的嗓音，不过自打男孩的喉结开始逐渐突出之后，男孩的声音就开始变化，这段时期叫作变声期。有关什么是变声期的问题，我们后面会有详细介绍的。

在日常生活中，你还会发现有一些女孩也有突出的喉结，这又是为什么呢？女性身体内也有雄激素，但是雄激素水平很低，所以一般占主导地位的是雌激素。然而有些女孩因为雌激素水平偏低，让雄激素趁机占了上风，这时候她们便会出现男生才会有的特征，而喉结就是其中之一。

除了雄激素的影响，遗传也可能导致女性喉结突出，比如老爸的喉结比较突出，而他把这种特征遗传给女儿是有可能的。还有一种原因是女孩太瘦了，以至于会突出脖子下的这块软骨。如果你们看到有的女生有喉结，就在心里犯嘀咕，甚至还在背后议论人家，这就不对了，毕竟喉结是否突出并不是她们可以控制的。

女生的喉结突出是正常的生理现象，没必要大惊小怪的，如果自己的喉结突出，也不必感到害怕，一般这种状况在青春期以后就会消失，那不过是雌激素水平低所引起的轻微症状，所以不必担心。如果特别严重，就去医院找医生好好诊治。

【小小提醒】

虽然每个男生都会有喉结，但并不是每个男生的喉结都会突出来，所以，有些男生尽管已经过了青春期，可还是没有突出的喉结，也是正常的现象。喉结是否突出对男性没有任何实质的影响，好多的运动员喉结都不明显。所以见到喉结不突出的男孩可不要大惊小怪哟。同样的，见到有喉结的女孩也不要随便给人家取外号，这是非常不礼貌的，在了解了喉结的知识之后可就更不能开玩笑了。

# 5
# 男孩的粗声音真难听！

【我的困惑】

班上有些男生的声音粗粗哑哑的，真难听，为什么他们的声音会变粗？以前不是这样的，还会变回来吗？

【敞开心扉】

其实这是因为男生进入变声期了，所以他们的声音会变得粗粗哑哑的。

男生的变声期一般从 14 岁到 16 岁，相较女生来说要晚差不多一年。在这一时期人的喉头和声带增长导致声音嘶哑、音域狭窄，容易产生发音疲劳，在说话、唱歌时声音与幼时大不相同。经过变声期，女生的声调会变得高一些，而男孩的声音就会变得低沉一些，低沉的声音是不是很有磁性，而且也会显得成熟了不少呀？这也是男子汉的标志之一呢！

想想我们的老爸，是不是声音都是低沉的、粗粗的，跟妈妈相比明显低沉了许多呢？这就是现实中的例子呀，经过了变声期的男生还会因为声音低沉、有磁性而加分不少呢。

处于青春期的声带在不断生长，这时候的声带可是又嫩又娇贵的。然而青春期的他们正是活力四射的时候，特别爱表现自己。比如在回答问题和唱歌的时候，他们的嗓门都会特别大。如果他们不注意保护声带，就会给声带带来不小的影响，比如使声带充血、水肿，或产生声带小结，严重的还会造成呼吸困难，甚至不能说话呢！多恐怖呀！那么，怎样才能保护好他们的嗓子，避免出现这样的情况呢？

这就需要小主人们适当地做些保护啦，首先要记得正确地使用嗓子，千万不要过度大吼大叫，也不要天天到 KTV 大声地唱歌儿，不然很容易导致终身嗓音嘶哑！后果相当严重呢！

其次要注意保暖，青春期的你们无论是身体还是嗓子，都要避免着凉，注意保暖，尽量不要在冬天穿低领的衣服，以防脖子受凉，有时间的话，多多进行一些体育锻炼也是不错的选择。

最后就是在饮食上注意啦！少吃刺激性的食物，这样做是为了防止它们刺激气管和声带，冷饮也要少吃。有很多处在青春期的孩子，喜欢吃锅巴、爆米花等比较干燥的食物，这类零食会给喉咙带来比较重的负担，也不要多吃。还有，平时也要多多喝水哟，没事儿喝水润润嗓子，不但可以减少细菌的滋生，还能有效防止咽炎的发生。

【小小提醒】

变声期可不是专属男生的，女生也会在不知不觉中进入变声期，所以也要按照上面提到的在平时多加注意。

女孩补充一些蛋白质和维生素，既能让皮肤越发白皙，也有利于声带的发育，记住千万不要在变声期逞能似的大声说话。但也不要故意降低音量，像平时一样说话就好，只要不大喊大叫就可以啦。

# 6
# 为什么男孩会长胡子？

【我的困惑】

老爸总用胡子蹭我的脸，好扎呀，可是妈妈就没有胡子，班上不少男同学都有了黑乎乎的小胡子，为什么男孩会长胡子，我们女生就不会呢？

【敞开心扉】

看来小丫头的老爸是个爱玩爱闹的好爸爸呢，用胡子蹭脸这招是我小的时候爸爸常干的事情。然而这种方式，可能会将胡子上的细菌带到小孩的皮肤上，或者进入其口腔，容易使小孩生病呢，所以不提倡用胡子蹭脸这种玩闹方式。尤其是在宝宝还很小的时候，就更需要避免了。

男孩出现胡子就像雌激素会促使女孩出现第二性征一样，胡子是在男孩体内的雄激素刺激下才会长出来的。爸爸是不是基本每天都要刮胡子呢？这是因为胡子要比头发长得快很多，刚刚刮去的胡子不几天就又长出来了。下巴处的血管要比头发根部的血管多很多，营养多胡子自然就长得快了。

胡子可是男孩第二性征的第一个表现，跟乳房的发育是我们女生的第二性征的第一个表现一样。在电影或是动画片里，我们常常能看到不同的胡子造型，八字胡就很常见，山羊胡也不少见，胡子造型都很有趣。在玩游戏进行角色扮演的时候，我们往往还会给自己粘上各种形状的胡子来装成大人，不过在一般情况下，我们女孩是不会有真正的胡子的。

班上的男同学的胡子是不是细细的毛茸茸的，那么这是为什么呢？其实胡子也要经过从幼小到成熟的过程，慢慢地随着男生年龄的增长，胡子就会越来越黑，越来越硬啦。虽然不同男孩体内的雄激素水平是差不多的，但是体现在胡子上却没那么一致，有的男生胡子比较浓密，而有的男生就比较稀疏，不过这都不能代表什么。有些男孩虽然没有胡子，但是其他方面发育正常，这也就没有大的妨碍了。再加上男孩出现胡子的年龄也不尽相同，所以见到文文弱弱的、不长胡子的男同学，你不要嘲笑人家像女孩子呀。

胡子能吸附许多的有害物质，汽车尾气和空气中的污染物都会吸附在上面，这样对身体是有好处的，因为胡子把灰尘都隔绝在皮肤外面了。不过这也就能很好地解释我们上面提到的问题了，男生尽量不要用胡子扎小孩子的嫩皮肤，这样做很容易将有害物质带到孩子的皮肤上，使孩子感染病菌。

胡子还能起到保暖的作用，冬天里，有胡子就比没胡子暖和许多。胡子要保持清洁，不然有害物质会危害人体健康，所以说，无论什么时候，保持良好的个人卫生都是很重要的。

胡子还有很多种颜色，只不过在大多数情况下，中国人的胡子是黑色的。有些人的胡子是棕色的，还有些人的是棕红色的，这些都是由色素细胞决定的。

【小小提醒】

古埃及男人很注重自己的外形，长长的胡子对他们来说是不干净的象征，所以他们中的成年男子会准备一种青铜剃须刀来进行日常的胡子打理工作。古埃及人是不是很聪明？那时候就知道保持自身清洁的重要性啦，所以我们现代人也不能被落下，各种各样的剃须刀都是为现在的男生们准备的。

# 7
# 男孩身上的毛毛怎么又长又多?

**【我的困惑】**

班上男生夏天穿短裤的时候会露出腿上的汗毛，比我们女同学的汗毛长好多，他们胳膊上的汗毛也比我们女生多，这是为什么啊?

**【敞开心扉】**

小丫头，你观察得可真仔细，一到夏天，我们都会穿上自己喜欢的裙子出门，可是男孩只有短裤和T恤衫，往往在这个时候我们就会关注到人身体上的汗毛，尤其是胳膊上的和腿上的。不知道你是不是发现了有些女孩的汗毛也是比较长的，不过这样的女孩很少。相对来说，男孩的汗毛长就是普遍现象了，那这是什么原因造成的呢?

可以肯定的是，汗毛浓重是我们身体里的雄激素造成的，不管是男生还是女生，我们的体内都会存在雌雄两种性激素。前面我们已经提到了，女孩的雌激素分泌得比较多，雄激素的水平比较低，雌激素可以维持我们女孩的第二性征，比如乳房的发育和月经等等。同样，在男孩体内占主导地位的则是雄激素。而雄激素最显著的作用是维持男生的第二性征，比如男生的胡须和汗毛。所以男生的毛发要比我们女孩浓重。

雄激素的水平越高，体毛就越多越浓密，有些女孩会出现体毛多的现象，这也是雄激素的作用。不过一般都不需要担心的，有些女孩因为觉得难看就会用各种方式去除体毛，还记得我们在腋毛那节讲到的吗?其实这些体毛并不会太影响美观，只要能保持清洁卫生就可以啦，太介意的话当然也可以选择去除，不过我不太提倡这种做法。

体毛不仅包括我们的头发、眉毛、睫毛、鼻毛，还包括胡须、腋毛、阴毛等等。人体皮肤表面上的细毛也称作汗毛，这个词是不是很熟悉呢?那我们身上生长的毛毛有什么用呢?

首先我们的汗毛能在我们感到寒冷的时候，通过一系列的反应来保留我们体内的余温，你有没有注意到这样一个有趣的现象？一阵凉风吹过，我们裸露在外面的手臂会突然感到寒冷，然后就出现鸡皮疙瘩，这其实就是一种保温的手段。

汗毛是能出汗的体毛，这就引出了汗毛的另一大作用，那就是排汗。汗毛越多，排汗效果就越好，汗毛能在炎热的夏天给我们的身体降温。

上面的解答主要是应用在大部分的情况下，当然不能一下子概括所有的情况，有些人体毛多是因为遗传，就像个子高矮会遗传一样。有些小女生汗毛多，还可能是因为毛囊对雄激素过于敏感，或是得了某种疾病而引起的多毛症。

总之，有汗毛不是坏事，如果汗毛太重影响了美观，可以在医生的建议下适当采取措施。如果汗毛实在太浓密，也建议早点寻医就诊，因为这可能会关系到我们的内分泌问题。

【小小提醒】

小时候的你会不会也曾经害怕过自己会变成毛孩儿？我小时候就害怕过，不过事实证明是我当年想太多了。导致体毛多的原因有很多，你们在平时也不能给其他同学起“毛孩儿”的外号，这样会给同学带来很大的困扰的。不过，认真观察的好习惯要继续发扬下去呀！你们平时要多多读读相关的书，这样可以给自己长长知识，也可以让自己更顺利地度过青春期。

# 8 男孩的胸是平的，他们没有乳房吗？

【我的困惑】

我们女生到了青春期乳房会发育，胸前鼓鼓的。可是班上男孩的胸就没有什么变化，还是平胸啊，难道男孩们是没有乳房的吗？还是说男孩的乳房根本不会发育呢？

【敞开心扉】

小姑娘，这个困惑很好解答。乳房可是人人都有的，只不过我们女生的乳房会发育长大，而男孩的乳房就“默默无闻”啦。

乳房是我们人类的一个器官，无论是谁都会有的。在小的时候，男女的乳房是一样的，都是平平的。进入青春期后，女生的乳房开始逐渐地发育，成为鼓鼓的样子；而男孩的乳房就算是进入青春期了也只是略微增大，基本上是没有什么变化的。因此女孩的乳房和男孩的才会有明显的区别。如果一个男孩的乳房也像我们女生一样发育，那还了得！一定是他的身体出了问题。

我们女孩乳房的发育经历了不同的阶段，每个阶段的变化都是很明显的，乳房的发育对我们来说是至关重要的。但是为什么有些男孩的乳房也会像女生一样，突然就有了变化，并开始发育增大呢？

其实，男孩乳房增大在一般情况下，是正常的现象，并不会对正常的生活和学习造成影响，也不会涉及身体健康的问题。可如果一直增大像女孩那样就真的出问题了。一旦出现了这种情况就是生病了，一定要及时到医院进行检查，看是不是内分泌系统出了问题。不过这种情况一般是不会出现在青春期的，所以也不必过多担心。

男孩乳房要是真的出现了异常也可以先从以下几方面考虑：睾丸疾病、肝脏疾病和药物的影响。因为这些都可能导致雄激素的水平下降而使雌激素异常增多。虽然说这种乳房增大和进一步发育的情况很少出现，但一旦发生就会很麻烦，一定要及早治疗。

说到这里，小姑娘，平时一定要注意呵护好自己的乳房，毕竟丰满的乳房是女生值得骄傲的资本，现在的你还会不会害羞呢？要记得昂首挺胸，做个自信的小女生，这样才能变得越来越美丽。相反的，如果你含胸驼背，就很可能变成“小罗锅”，那样可就难看死了。悄悄告诉你，姐姐小时候就因为害羞而驼背，后来花了好大的力气才纠正过来。

【小小提醒】

提到乳房，这可是我们女孩很重要的一个部位，青春期的你们千万不要束胸，或是因为害羞而不敢挺胸抬头地走路。否则你们很可能会变成“小罗锅”。有关生理上的问题平时可以多多咨询妈妈。若是见到了乳房发育的小男生，也不要在背后说人家，或者给人家起外号，毕竟谁也不想自己得病。

# 9 男孩的生殖器官跟女孩的一样吗？

【我的困惑】

男生很多方面都跟女生不一样，我也开始渐渐发觉了这个问题，那么，男孩和女孩的生殖器官一样吗？是不是也不一样呀？

【敞开心扉】

这个问题我可以肯定地回答你，男生和女生的生殖器官是不一样的，对这个问题不用有半点的疑问，男性和女性的第二性征存在很大的不同，生殖器官的构造更是天差地别，下面的内容对你来说会有一些难懂，小姑娘，你有没有耐心把它看完呢？

女性的生殖器官包括外生殖器和内生殖器两部分，外生殖器包括阴阜、大阴唇、小阴唇等，而内生殖器包括阴道、子宫、输卵管、卵巢等。这些看似难懂的词我们已经在前面提到了，是不是有一丁点儿眼熟呢？现在你只需要知道这些部位就可以了，在后面我们还会有比较详细的介绍，所以先不要着急哟。

阴道就是我们身体向外排出经血的通道，小宝宝也要从阴道出生呢。子宫就是小宝宝住的房间啦，受精卵会在这里待上好久，逐渐生长发育。如果没有怀孕，子宫内膜就会在性激素的作用下发生脱落，于是就产生了月经。这些知识现在的你一定还记得吧？

卵巢就是产生卵子的地方，并且能够分泌性激素，维持我们女生特有的生理功能和第二性征，卵巢会在我们再也不来月经之后逐渐萎缩。

男性生殖器官和女性生殖器官同样分为外生殖器和内生殖器两个部分。外生殖器包括阴囊和阴茎，内生殖器包括睾丸、输精管和前列腺等，这些词是不是有些难懂？千万不要觉得麻烦哟。

睾丸的作用和卵巢差不多，只不过睾丸产生的是精子，卵巢产生的是卵子。精子可是人类繁育后代必不可少的。睾丸对于男生来说可是至关重要的，它肩负着繁育后代的重要使命，和卵子的使命一样重要，所以男孩都很重视他们的睾丸发育。

输精管，顾名思义就是输送精子的通道。是不是跟输卵管的功能很相似？阴茎的主要功能就是排尿、排精液和进行性行为，是不是很神奇的样子？其实男性生殖器有些部位的作用跟我们女孩的是很相似的，只是构造上有很大的不同。

这下你该知道男性和女性的生殖器官有哪些差别了吧？虽然结构天差地远，但它们都是为了孕育后代而存在的，你也不难发现有些器官虽然不同，但是作用是很相近的，小丫头，这下你该明白了吧？

【小小提醒】

不论是男孩还是女孩，平时都应该仔细照顾自己的身体，男孩虽然比较粗心，但也应该养成良好的卫生习惯。而作为女孩就更不能比男孩差啦，一定要注意保持外阴清爽干净，做个从里到外都干干净净的纯洁小女生。有很多的细菌都会在我们放松警惕的时候潜入我们的身体，一旦被细菌感染，那结局就可想而知了。所以一定要注意个人卫生。男生也要注意自己的身体健康，保持自身卫生清洁。

# 10 阴囊是干什么用的?

【我的困惑】

生理课上老师提到了阴囊，阴囊是干什么用的啊？它是不是一个小囊袋？

【敞开心扉】

看样子我们小丫头，懂得越来越多了，好担心哪天会被你问住呢。虽然你的问题越来越难了，但是这个问题我还是可以解决的，快来看看我的解答吧！

所谓阴囊，就是一个皮囊，我们前面已经提到了阴茎，阴囊就在阴茎的后面，它的颜色可不大好看，并且阴囊的皮肤还很薄很柔软。在阴囊的中间有一个隔膜，将阴囊分成了左右两室，左右两室是对称的，都有睾丸、附睾。阴囊上还有很多的褶皱，这些褶皱使阴囊能自如地收缩和扩张，还可以有效地调节睾丸周围的温度，阴囊内的温度要比咱们身体的温度低上1.5—2℃呢，这个温度有利于精子的产生。

因为阴囊包含对男生来说相当重要的睾丸，又加上阴囊里布满了神经，所以阴囊对外界的刺激相当敏感，因此在平时要注意对阴囊的保护工作，千万不要让它受到外界刺激，比如踢一脚，或者是被顶到等等。男生在运动的时候也会特别注意，如果被强烈地撞击到了那可就惨啦。

阴囊的血管也很丰富，所以血量供应很充足，也正是因为血管密集，所以才能有效散热，从而能使阴囊里面的温度比身体其他部位低，也更有利于精子的产生和存活。

就像我们女孩要经常清洗外阴一样，男孩也需要保持阴囊的干净清洁，还要加上干燥。平时要注意不吃辛辣或生冷的食物，这是为了防止发生阴囊潮湿的现象。不过就算真的出现了阴囊潮湿现象，也不一定就是病态，如果没有其他方面的不适，还是完全没有问题的。

阴囊健康是保障男性生育能力的关键所在，因为精子是由睾丸产生的，而睾丸要产生精子是很讲究条件的，精子生长的最适宜的温度是35.5—36℃，温度太高就会影响精子的正常产生，甚至还会使睾丸不产生精子。正因为有了阴囊，精子才能顺利产生，保障男性的生育能力，所以保护阴囊的健康，就显得尤为重要了。

虽然男孩们在平时都比较不拘小节，还不太注意个人卫生，但是在阴囊卫生的问题上还是需要提高警惕的，毕竟这与他们的身体健康息息相关，并且还会影响他们的生育能力。这些问题老师和家长一定会格外提醒的，所以也就不需要我们女孩操心喽。

【小小提醒】

不论男生女生，在平时注意饮食健康、养成良好的生活习惯都是很重要的，我们不止一次在书中提到了良好的生活习惯的重要性和个人卫生的重要意义，所以，正处在青春期的你们可不要偷懒哟，不然到时候后悔都来不及。作为女孩，在个人卫生方面应该是不需要我过多嘱咐的吧？丫头一定是个爱干净的乖乖女。

# 11 男孩是不是也来“大姨妈”？

【我的困惑】

女生到了青春期会来“大姨妈”，与之相伴随的还有肚子疼、脾气不好的现象，男孩有些时候也会出现脾气不好的现象，那男孩是不是也一样会来“大姨妈”呢？

【敞开心扉】

“大姨妈”可是女生专属的哟，但男孩到了青春期会出现“遗精”的现象。

遗精还有一种称呼叫作梦遗，就是男孩睡着睡着就会从“小弟弟”里流出精液来。进入青春期以后，男生体内的睾丸就会产生精子，而女生体内则会产生卵子，其实这些都是相互对应的啦。

精子和卵子都是与生育有关系的，人生育的能力会一直持续到年老的时候，还记得“大姨妈”里并不单单只有血液吗？精液里也不仅仅只有精子，还有一些别的液体，它们平时被储存在体内，慢慢地积累着，就像是开着水龙头往盆里接水，盆总会满的，当精液过量时，自然就会有些精液趁着人在睡梦中，偷偷地“跑”出来啦。

遗精有时是几天发生一次，有时是几周，有时是几个月，并没有一定的规律，这点与“大姨妈”的差异比较明显。我们的月经都是有一定的周期的，一旦周期出现了问题就可能是我们的身体出了问题。同样，如果男生一周好几次遗精，或者是在一晚上出现多次遗精也需要去请教医生啦。

遗精并不像“大姨妈”，“大姨妈”是青春期的女孩都应该来，并且会一直伴随我们直至绝经期，遗精却并不是所有的男孩都要出现的现象，有大概十分之一的男生，一辈子都没有遗精过，所以不出现遗精现象也是很正常的。

遗精和“大姨妈”也是有共同点的，那就是都要在生活中注意饮食，并且要养成良好的生活习惯。烟、酒以及刺激性的食品都是不能吃的，还要注意个人卫生。

不仅如此，青春期的你们还要在平时多看书来了解相应的生理知识，这对男生和女生都是很重要的，多多看书，遇到问题多多请教，总是不会错的。在父母和老师的正确引导下，你们才能健康地度过青春期。

【小小提醒】

和女生第一次来“大姨妈”时一样，很多小男生在第一次遗精的时候，都会出现恐惧心理，其实根本没必要，这可是再正常不过的生理现象了。所以在日常生活中一定要注意培养良好的心态。就像月经的到来标志着小女孩儿要变成大美女一样，遗精也代表着那些小屁孩儿要变成男子汉了，因此在出现遗精现象的时候，男孩完全没必要惊慌，应该感到开心才对。

# 12
# 精液也是红色的吗?

【我的困惑】

男生的精液是什么样子啊?是不是像“大姨妈”一样的,也是红色的?

【敞开心扉】

精液跟“大姨妈”可不一样,它没有吓人的红色,这么说吧,精液跟我们女孩的白带是有几分相像的。

精液是由精子和精浆组成的,精子的比重很小,有百分之五左右,剩下的全是精浆。精浆中有水、果糖、蛋白质、脂肪,还有许多酶和无机盐。前面我们已经提到了精子是由睾丸产生的。精浆却不是睾丸产生的,而是由前列腺、精囊腺和尿道球腺分泌的。精浆的作用可大了,它是精子的养料,正常情况下,精液都是乳白色或淡黄色的,一旦出现了鲜红、淡红或者暗红色的精液,就是身体出问题了,这样的精液被称作血精,这时候就要怀疑是不是得了精囊腺炎、前列腺炎等疾病了。

精液中的精子和卵子结合是繁衍后代必不可少的过程,这也是精液存在的作用和价值。如果男孩平时不注意培养健康的生活习惯,精液也会受到影响,就像我们不注意饮食会影响“大姨妈”一样。

男孩首先应当注意的就是避免不检点的行为,那样很容易造成生殖系统感染,从而影响精子的活力和数量,甚至还会导致不育。其次就是避免吸烟与酗酒了,吸烟和酗酒的男生很多,烟酒中的有害物质会损害人的身体健康,这些有害物质对生殖细胞的杀伤力更强。所以不吸烟和酗酒,这本身就是一种保健方法。

前面我们提到了阴囊,也知道了适宜精子产生的温度条件,如果男生为了表现自己的身材而穿紧身裤的话,会导致阴囊长期处于高温状态,这对精子而言无疑是很大的伤害,长时间洗桑拿浴,也会造成阴囊的温度升高而影响精子存活。

饮食得当是我们反复提到的问题，营养缺乏很容易造成我们的身体发育不良，而对于男孩来说，钙、磷的缺乏可能降低生育能力，而锌和镁的缺乏会直接影响精子的生成和精子的活力。药物的损害也不能被忽视，不少药物都能造成男性不育，有些药物还能抑制雄激素的分泌，从而间接影响精子的活力。

多吃蔬菜，多吃含有蛋白质的食物，可以提高精子的产生量和活力，参加锻炼也是个不错的选择，我们都知道一句话，那就是加强体育锻炼，增强身体素质！

【小小提醒】

不管是男孩还是女孩，生活上的坏习惯都会影响我们的身体健康，我们平时要注意多吃新鲜的水果蔬菜，尽量远离垃圾食品，也要尽量避免吸烟饮酒，良好的生活习惯往往能在不知不觉中给我们带来很大的好处，并且这些好处会伴随我们的一生。

# 13
# 男孩好像一夜就长高了！

**【我的困惑】**

小时候我经常和男孩玩，感觉自己和他们没有什么差异，尤其是身高。可是，等到上了高中，我突然发现了一件很神奇的事情，就是那些和我从小玩到大的男孩竟然突然比我高了一头，他们男生怎么长得这么快啊？

**【敞开心扉】**

其实我亲爱的小姑娘，这没有什么神奇的，你只要好好看看我的解释，你就一定会恍然大悟的。

男生在青春期时身高陡增是很常见的，但有些人不怎么知道这其中的原因。进入青春期，男生每年可以增长 7—9 厘米，一般不超过 12 厘米，这是下肢和脊柱增长的功劳；而女生每年可以增高 5—7 厘米，一般不超过 10 厘米。而且女生身高的增长时间还短于男生，这是因为女生骨骺闭合的时间早于男生。因此，男生女生的身高差距是日积月累的，而不是一蹴而就。这也导致了成年女性普遍比男性矮的事实。

然而对于青春期的少男少女来说，他们都希望自己能有挺拔的身姿，那么我们就要先来了解一下影响身高的因素了。

身高增长与性成熟有关，一般较早身高增长的人，就会较早结束增长，性早熟的少女不再增长时，性晚熟的少女还在增长。身高增长较快的时间是在青春期，这个时候女孩的身高增长速度达到了巅峰。

身高的增长还和睡眠有关。垂体分泌生长激素，生长激素能促进骨骼发育，使骨骼结实，增长速度加快。夜晚是生长激素分泌得最旺盛的时间段，在此时间段分泌的生长激素大约是白天的 5—7 倍，所以青少年要想有挺拔的身姿，保证睡眠质量是至关重要的。

身体的发育离不开营养的摄入，人的身高当然也离不开营养的累积。骨骼的发育是蛋白质的功劳，蛋白质对人体各个器官的生长发育都有好处。处在青春期的女孩新陈代谢比较快，这样就需要更多的营养才能满足人体的需要。我们也经常听到妈妈说，我们是在长身体的时候，多吃点才能长得高，就是这个意思。

看了这些，不知道小姑娘你有没有什么感触，其实也不要惊讶于男生的身体增长速度，因为这是无法改变的事实。如果想要和他们的差距缩小，那就多多注意自己日常的行为习惯吧。我想只要你做到了以上几点，你一定也能变成一个身材高挑的大美女。不过，就算没有长高也不要气馁，毕竟这就是你，是没有人可以替代的。

【小小提醒】

身高是我们都比较在意的事情，只要我们在青春期这个长身体的时期，能够注意饮食，注意睡眠的质量，注意自己的行为习惯，我相信你就一定能做好自己。其实，在我们的身边总会有个子高和个子矮的同学，无论你是哪一个，都不要太在意，只要你能做自己那就足够了。只要你在青春期好好注意自己的身体，合理饮食，那就能在一定程度上加快身高的增长速度。所以为了能够有一个让自己满意的身高，就从现在开始做最好的自己吧！

# 14 男女性格有什么差别？

【我的困惑】

青春期的男生和我们女生的性格会有什么差别呢？

【敞开心扉】

小姑娘，你也开始思考这个问题啦？我像你这么大的时候也曾经产生过这样的疑问。其实每个人的性格都是不同的，并不能笼统地用男生的性格和女生的性格来做明确的区分，不过在一定程度上，男女生的性格确实有差异。有些性格是女孩独有的，而有些又是男孩的主要特点。

性格一般指的是人的性情品格，就是人自身的态度和行为所反映出来的心理特征，有时还指人的脾气，性格的好坏有时说的就是一个人脾气的好坏。男性和女性在性格和行为上的差异被人称作第三性征。

下面姐姐就来告诉你男生和女生在性格上一般都有怎样的特点。

男孩的性格特点显而易见：冲动、爱冒险、好胜、要强，做事果断，很少犹豫，善恶分明，往往在做出决定后会严格执行，并且男生对自己的外貌并不是很在意。在很多的影视作品中，我们都能很容易发现男性的不修边幅。我们身边的男生也是不修边幅，穿着随意，有时我们女孩还会很不理解，为什么男生就这么不在意自己的外貌，我们女生可是很爱美的。

女孩的性格相较男生而言，就显得拘谨，她们矜持、害羞、胆小、多愁善感，爱哭，容易产生情绪波动，喜欢安静，不爱动等等。

男孩不容易受到别人的影响，而我们女孩做事总是犹犹豫豫，还会因为别人不经意的一句话就打消了整个计划，在对计划的执行力上，女生也往往不如男生那么能坚持。男孩喜欢和活泼开朗、聪明大方的女生做朋友，而女生则更喜欢与那些温柔体贴、长相英俊或是成绩优异的男生做朋友，女生选择朋友时表现出的虚荣心更加强烈。

不过以上都是很笼统的说法，在我们的生活中也有很大一部分的女生具备男生的性格特点，她们做事干脆利落，能够很好地执行计划，并且性格豪爽，这类女生被称作假小子、女强人，或是现在比较流行的女汉子。当然，也有一部分男生具有女生的性格特点，比如有些男生细心敏感，善于发现、感情丰富。所以男女在性格上并没有很明确的分界线，我们所知道的都只是个大概的划分。

一个人性格的形成来自三个方面的影响，遗传因素、生长发育因素和所处环境因素。所以我们的性格是可以改变的，会受周围的环境和人的影响，但是性格的可塑期一般是在青春期，也就是你们正处在的这个宝贵时期。所以在这段时间内接触的人和事情可以在很大的程度上影响一个人性格的形成，小姑娘，你可要谨慎交友哟。

【小小提醒】

因为后天的环境对人格的形成有重大的影响，所以在现代社会，男人和女人的个性差别就不那么明显了。

其实不管是男生还是女生，都应该吸取彼此性格中的优点，一个人既有男生的毅力，又有女生的细心，既有男生的果断，又有女生的专注，那才是健康成熟的人。“取长补短”，就是这个意思。同时具备男女生的优势性格，才能在未来发展得更好。

# 15 男生真的比女生聪明吗？

【我的困惑】

我是班里的学习委员，每次考完试我都会帮老师整理班级的成绩。时间长了，我发现班里的几个男同学进步特别大，问他们有什么好的学习方法，他们却说没有。我很疑惑，他们怎么会进步得这么快？难道真的是他们男生比我们女生聪明吗？

【敞开心扉】

在你的身边，是不是曾经发生过这样的事：自己班里的有些男生看起来不好好学习，成绩一直很落后，但如果他们想要考好的话，只需要很短的时间，就能轻轻松松地考到班级的前几名。而如果你的成绩落后了，却需要你花费很长的时间和很大的努力才能赶上。你是不是经常感觉那些男生比自己聪明啊？其实这些在青春期里都是常见的现象。

男孩和女孩在智商上没有差异，又有差异。

说男生和女生没有差异，是说他们在综合智力上没有什么差异，因为我们的智力不是单一的，而是多样化的。我们的综合智力包括：观察力、注意力、思维力、创造力等等。在这么多的能力当中，思维力在智力方面占有核心的地位，而创造力又是智力的高级形式。在这众多的能力当中，男生在思维力、空间想象力等方面都强于女孩；女孩在观察力、注意力方面则占有优势，女孩更擅长剪贴、分类。所以，从综合智力来看，男孩和女孩是没有什么差异的，没有谁比谁更聪明。

可是，男孩和女孩之间的差异又是实实在在存在的啊，那这又是怎么回事呢？别急我的小姑娘，下面就为你解答疑惑。

我们上边说了智力包含很多方面，在这些具体的能力当中男女生的差异是存在的。在知觉方面呢，男孩的视觉灵敏，对外界充满好奇心，而且富有运动细胞。在运动中，他们充满活力和力量，但是男孩在婴儿时期学习语言的能力，明显落后于女孩。女孩可以很容易地辨别声音，嗅觉还很灵敏。在对事物的理解方面，男孩女孩之间存在着“性差”。女孩比较感性，容易在事情上加上浓厚的感情色彩，偏于形象思维。而男孩比较理性，概括能力强，喜欢摆弄物品，思维又具有广泛性、灵活性、创造性，偏于逻辑思维。

男生女生的不同让我们的生活充满了奇迹。所以，不要惊讶于男生的能力，你也有自己独特的地方，多多发现吧，我的小姑娘。

【小小提醒】

我们在日常的学习中要注意锻炼自己薄弱的方面，努力缩小自己与男生的差距。因为只有这样，我们女孩才会越来越好。我们女孩身上存在不足，但是不要忘了，男孩也是一样，他们也有优点和缺点。遇到问题多请教老师和家长，这样才能使你们真正地认识自己。

# 16
# 为什么男生爱打架？

【我的困惑】

班里的男生几句话说得不对就开始打架，在课间我也经常能看到别的班的男生在校园里打架，可女生就很安静，为什么男生那么爱打架？

【敞开心扉】

男孩不仅容易冲动发怒，而且他们还容易控制不住自己，这也是青春期的产物之一，就是俗称的小暴脾气。同样一件事情，发生在男生和女生身上，他们会有截然不同的反应。可以让男生大打出手的事情，有时却很难让女生生起气来。在遇到挫折时，男孩的这一特征会更明显，他们常常感到不耐烦，不然就是生气啦，武力解决啦，直接逃避啦等等，这些都是很不好的面对问题的方式。那么他们怎么会和女孩有如此大的差别呢？

青春期的男孩自尊心都很强，他们会特别在乎自己的形象，说简单了就是爱面子，觉得面子比什么都重要。所以他们往往会在自己喜欢的女孩面前逞强，也特别不希望自己在别人面前出丑，一旦出丑就会恼羞成怒，大打出手。这样的举动跟天性不无关系，男性本身就比女性要好斗得多，所以出现这样的情况也是很正常的。不过一旦太过冲动，就容易给他人带来很大的伤害，也会让自己因为争强好胜而付出代价，所以男生需要控制自己的情绪。

还有一点就是此时的男生心理还不够成熟，通常一件很容易激怒未成年人的事情，放在大人的身上就没那么严重，这就是心理成熟与否的差别啦。不过有些男孩的过激行为，是因为他们觉得自己没有得到足够的重视，希望借着“闯祸”的名头引起同学和老师的注意，得到和班上成绩不错的那些孩子一样的关注，只是这种方式可不值得提倡啊。

这个时期的你们在交朋友上一定要慎重，因为这一时期的人有很强的模仿性，喜欢和朋友做一样的事情，所以一个性格不错、脾气平和的朋友是不错的选择。小姑娘，你也要努力成为这样的人哟，这样才能让朋友跟你在一起的时候感到无比安心，你的朋友也会向你学习呢。当然啦，你的学习成绩也一定要保持住，这样你就是一个出色的小女生啦！

在遇到挫折和磨难的时候，千万不要像有些男孩那样，用武力和发脾气解决，要认真地分析问题，迎难而上，要知道“困难像弹簧，你弱它就强”。

【小小提醒】

有过激行为可不好，你要尽量远离喜欢打架、争强好胜的男孩哟，千万不要受他们的影响，我们可是小淑女呢。如果你的朋友中刚好有这么一位小暴脾气的话，那就推荐他多听听音乐或是多多参加课外活动吧，这样他那股用不对地方的力气就有了新的释放途径，也就不那么容易生气啦。青春期的你也要正确地认识自己哟，不仅仅关注自己的外表，也要从心理上让自己成熟起来，千万不要畏惧困难呀！

# 17
# 性和道德有关系吗？

【我的困惑】

进入青春期以来，关于性的问题，我也了解了一些，我觉得出现第二性征虽然是身体上的变化，但是也会牵扯到别人，所以，性和道德有关系，是这样吗？

【敞开心扉】

性和道德当然有关系，而且关系还非常大。比如性行为，就是两个人的事情，性行为还可能会导致怀孕、生育等结果，其影响很大。

因此刚刚进入青春期的你们，要学习对性、对异性、对性行为的正确观念，也就是对这些事物的正确看法，这就是“性道德”。

对于你们来说，学习“性道德”，应该从两点着手。

第一，要有“男女平等，尊重女性”的观念。

长期以来，因为很多复杂的原因，社会上形成了男尊女卑、歧视女性等观念，现在还有不少人有这样的思想。

就拿身边的事来说，有很多人认为咱们女孩一上初中，在学习上就比不上男同学了。甚至你身边也有不少女孩，在进入青春期以后，因为生理上的变化，而在身高和力气上，比男生差了很多，而自叹女生的倒霉。

其实，产生这样的想法，是不太合理的。要知道男女本来就存在差异，不过，这些只是差异，并不是差距。简单地说，就是各有所长，比如我们女孩比较擅长感性认识，而男生则比较善于逻辑分析。而在生活当中，除了重体力活儿之外，男子能干的工作，我们女子一样能够胜任。所以，我们女孩应该从小就树立男女平等的观念。

第二，就是要自尊自爱，保持正常的异性交往。

和异性正常交往，能够使人更好地完善性格，为进入社会打好基础。但是青春期的你们心理还不成熟，不容易把握好这个度，容易陷入早恋。

我们并不反对男女交往，相反还鼓励男女正常的交往。但一定要注意，在男女交往中，应该学会自尊自爱。

关于性道德，你可能听过这样的词：“性解放”“性开放”。这些是从西方国家传入我国的。它们出现的目的，是为了反对社会上男人对我们女人的歧视，但是，流传到现在，其所产生的坏影响更明显。概括起来就是，太多的人打着这种旗号，做不自尊不自爱的事情，祸害自己，同时也成为社会的祸害。

青春期的孩子好奇心特别强，所以你一定要对这种听着好、实际坏的“洋垃圾”保持警惕。

【小小提醒】

性道德，要以正确的性知识为基础。性知识包括性生理知识、性心理和情感方面的知识等等。不了解性知识，而只泛泛地谈性道德是空洞的。只有对性有一个科学的认识，破除其神秘感，才能建立坚实的性道德观。

# 〈第三章〉
# 朦胧的情愫

小姑娘，进入青春期之后，你有没有觉得自己想的问题越来越多了，随之而来的烦恼也多了？而且你还下意识地和曾经很要好的男生疏远了，忽然觉得他们的兴趣爱好和你的有了很大的差别？

你是不是也渐渐开始对男生眼中的你是怎样的感到好奇了，还偷偷地将某个帅气的小伙子装在了心里，心思都会随着他的一举一动而变化？当遇到别人表白的时候，你又是怎样解决的呢？是直接拒绝了对方，还是答应了他？你是不是也会烦恼别人到处传你和某个男生的绯闻？

这时候的你很在意别人的评价，也开始根据一个人的性格特征或者外貌特征来给人起外号。而别人对你的评价，会对你的自我认知产生很大的影响，甚至还能影响你将来的生活。

# 1
# 我为什么不喜欢和男生玩了？

【我的困惑】

小的时候我总是喜欢和邻居家的小男孩们玩，觉得挺好玩的。可是，现在我越来越觉得他们和我们女生不同了，感觉没意思，一点也不想和他们玩了，我这是怎么了？

【敞开心扉】

有段时间你是不是会觉得自己长大了，觉得自己懂得了很多，懂得了所谓的“男女授受不亲”的事情，觉得自己不应该和男生亲近，应该要保持一定的距离呢？我们的小姑娘慢慢长大了，开始渐渐地懂得了男女之间的感情了。你现在也许还在为此事担心，担心自己出现这样的情绪不好，是不是有什么不正常了，对不对？

我的小姑娘，先不要担心。出现这样的想法是因为你对男女感情的事情有了一定的了解，但是，你这个年龄段的女孩对这些事情的理解还不全面，容易走极端。这时候你一定会觉得离男生远一些才是应该做的，久而久之，你也就不想和男生在一块儿玩了，会觉得和那些男生没有共同语言了。

其实小时候的我们在和男孩玩的时候，根本没有什么男女之分，彼此都是纯粹的玩伴。那时在一起不会有什么顾虑，总是可以很快地玩到一起，甚至在一起玩的时候还会忘了回家的时间。

然而处在青春期的男孩女孩都有了自己的想法，都意识到了“男女有别”，所以你们往往在青春期开始的一两年心里有很强的性别观念，这就很容易导致异性之间的疏远。

虽然表面上很是疏远，但是在心里，你还是对异性充满了好奇，一方面你表现出对异性漠不关心，另一方面你又想要使自己得到异性更多的关注。面对这一系列的变化，男生的心理也逐渐成熟许多，他们在面对女孩的时候也不再像小时候那么随便。

而且，在这一时期，男生女生的兴趣也发生了一些变化。处在这个不断变化时期的你们，往往会因为兴趣不同等原因而闹出些小矛盾，于是，男生觉得女生怎么那么麻烦，女生又会觉得男生太不小心。

这时候力气的差别也体现得很明显，小时候男孩女孩在一起打打闹闹没事，但现在男生稍微加上点力气就会给女生带来伤害。过家家的游戏也不再有了，那些“幼稚”的行为你们都在刻意避免。

我们女生一般是偏安静的，喜欢看书，喜欢看电视剧，喜欢那些温馨的事情。而男孩们总是闲不下来，喜欢刺激，喜欢冒险，喜欢武打动作，总是大大咧咧的。因为这些差别，我们自然没有小时候那样喜欢和他们在一起玩了。

那么在面临这些事情的时候，我们到底应该怎么做呢？

首先，我们都是独特的，我们都是有个性的，没有任何两个人完全相同。所以，我们和别人观点兴趣不同，甚至出现玩不到一起的情况也是时有发生的。你不用困惑，这是很自然的事情，但是也不要因为这样就不和其他伙伴玩了。应该找到别人和自己的共同爱好，这样就可以多一些朋友。

还有就是自己要多多培养兴趣爱好，只有拥有广泛的兴趣，才可以和更多的伙伴玩到一起，自己也可以在和其他人的相处过程中成长。多多参加学校的活动，让你自己成为乐观向上的小姑娘，这才是你应该做的。况且，实验证明，男生比女生的思维灵活、行动力强，男生能够想出女生想不到的事情。所以，多和男生接触，往往会开阔你的视野呢。

**【小小提醒】**

在这里，我要提醒那些因为这些事情而困惑的小姑娘，自信起来，不要因为这些事情而烦恼。这只是你们成长路上的小问题，你们要拓展思路，开阔眼界，这样才可以在那些男生面前，更具魅力。在你们和男生交流、合作的过程中，也会有一些意想不到的收获。所以，不要排斥异性，勇敢面对，我相信你一定可以更好。

# 2
# 男生眼里的我是什么样的?

**【我的困惑】**

我总觉得班里的男生都好帅，个子也挺高的，还特别聪明，每次上课他们总是大胆发言，连老师也经常夸他们想法独特。那我在他们眼里是什么样子的呢？好想知道啊。

**【敞开心扉】**

其实青春期的女孩都是特别敏感的，总是会特别注意别人对自己的看法。在青春期，女孩的自尊心在慢慢地增长，而且这个时候你们的敏感心思、攀比心理也都在发芽，还很容易受到伤害。因为，这个时候的你们心理发育还不成熟，很容易产生理解偏差。所以，小姑娘，在你做了一件值得自豪的事情之后，是不是特别想得到别人的认可，特别是男同学的认可？总是觉得得到男生的肯定才是真正的肯定？

然而，若是没有获得别人的认可，你就会感觉很受伤，觉得自己受到了忽视。有的小女生甚至还会因此闷闷不乐，感觉自己在别人的眼中没有价值，或是没有才能，总是担心别人如何看待自己。

青春期的你已经有了很强的自我意识，你开始关注自己在别人眼中的形象，也开始关注周围的异性，也会在很多的场合刻意表现自己，希望自己能够得到更多的关注。一旦失去别人的关注，你就会觉得自己被冷落了，心情会一下子晴转阴，来个大变脸。这时候的你不愿意承认自己是小孩子，开始急切地盼望父母和老师能把你当成大人看待，也希望得到别人足够的重视和尊重。

这时候的你很想脱离父母和老师的管制，想要凭借自己的力量去探索属于自己的人生道路，也开始觉得父母、老师越来越烦，你越来越关注自己，有时甚至会关注过度。那种追求独立的想法一直在你心里闪现，然而这时候你一定要学会控制自己的情绪，也要适当地约束自己的行为，千万不要因为一时的冲动而伤害了真正关心你、爱护你的人。

你也开始希望得到异性的关注了，在喜欢的男孩面前你总是刻意地表现自己，希望得到他的注意，或者是表现得很平静，希望能默默地注视他。

你知道吗？这些都是正常的现象，很多女生都是这样的。那么你应该怎样表现才是正确的，才能让自己活得更有价值，并且让自己在男生的眼里有好的形象呢？

首先我们可以看看女生在男生心里都是什么样子的，人的审美标准不同，看待事物的方式也不同。有的男生喜欢善解人意的女生，相对来说，长相就不是最重要的。有的男生欣赏阳光、独立、有责任感、孝顺的女孩。还有的男生喜欢柔弱的女孩，这样的女孩是很容易受到男孩照顾的。

看了这些男生喜欢的女生类型，你想成为什么样的女生呢？是想成为女强人，还是温柔女、邻家女孩，还是可爱小天使？总之，不管你要成为什么样的女孩，有一点是必须要有的，那就是自信。只有有了自信，你才会在男生的眼里成为值得被照顾的女孩。这样的女孩也是最受欢迎的，我亲爱的小姑娘，快快加入这个行列吧。

【小小提醒】

你一定要自信，不管自己在男生们眼里是什么样子的，你就是你，不要因为别人不好的评价就丧失信心。因为别人的看法而不开心，是不值得的，也是不明智的。如果遇到不开心的事就多和家人沟通，和好朋友倾诉，还可以自己看看书，或是出去走走，这样慢慢就会好起来的。在生活中，一定要敞开心扉，做个乐观自信的女孩。

# 3
# 我为什么会想要亲近他？

**【我的困惑】**

班里有个男生特别好，既聪明，又善良，还会打篮球，我也喜欢打篮球。我觉得他在篮球场上的样子最帅了，好喜欢他啊。每次看到他，我都不由自主地想要亲近他，我这是怎么了？

**【敞开心扉】**

正处于青春期的你们，身体各个部位都在迅速发育，你们也开始关注起异性，他们的一举一动都有可能让你感到好奇。所以，小姑娘你这样的情况是很常见的，看来你是有喜欢的人了，开始懂得欣赏别人的优点，开始有自己的想法了。小姑娘先不用急着害羞，还记得我们上节解答的疑惑吗？这样的事情是很正常的。

你是不是会在遇到很优秀的男生时，感觉他们好聪明，总想在他们面前展现最好的自己？或者有没有觉得自己和哪个男生的爱好相同，有共同语言，比如像你说的都喜欢打篮球，就会想要去亲近？这些情况很常见，就让我慢慢给你解释吧。

在青春期这个阶段，女孩都会有自己迷恋的人，看到比自己优秀的男生就特别想要接近，想要和他交朋友。在这个时候，女孩就会想要多多地表现自己，想要得到她们喜欢的男生的赞赏。并且就像你说的那样，班里有个男生很会打蓝球，而你又很喜欢打篮球，这样你就很容易喜欢上他，这是青春期女生经常会有的情况。遇到和自己有共同爱好的男生，很欣赏对方，想要亲近对方，这些都是很正常的。但凡事都要有个度，不要迷恋得太深，现在的你应该好好学习，不应该过多地关注这些。

我亲爱的小姑娘，现在的你还没有真正懂得如何喜欢一个人，你只是很欣赏这个男生。因为他的身上有闪光点，而你又被这样的闪光点吸引了。我们身边有很多出色的人，他们有的孝顺，有的自强不息，有的不服输，有的对朋友忠诚，有的敢于担当，这些都可能是我们喜欢的。这些人身上有我们欣赏的良好品质，这些品质不是美丽的外表可以比得上的，而这些良好品质是我们应该推崇的。

但是在我们身边有好多的小姑娘却遗失了方向，她们会整天胡思乱想，不喜欢听课，只会想着某个男生，甚至有的会辍学，影响了学业。这些都是不明智的举动，为此使自己受苦，也是很悲哀的。我们还有很重要的事要做呢，这只是人生路上的小插曲。以后遇到这样或那样不懂的问题可以向妈妈求助，我相信妈妈一定会很乐意为你解答的。你也可以自己散散心，或是把心思用在学习上，这些都是很好的选择。这样不仅不会让你继续苦恼，还会提高你的成绩，何乐而不为呢？

【小小提醒】

生活总是充满了诱惑，对于青春期的女生来说，如何抵制这些诱惑，是生活中的一个巨大难题。但是只要你们善于和别人沟通，一切问题就都可以迎刃而解。在遇到问题的时候向妈妈和老师咨询，听听他们的看法也是不错的，毕竟他们是过来人，经历得比你们多，能够更好地为你们提供对策。最重要的就是你们自己有信心来面对这些，做坚强的小女生吧，这样生活才会丰富多彩。

# 4
# 我的表白被拒绝了，怎么办？

【我的困惑】

我喜欢上了隔壁班的一个男生，感觉他特别好，就跟他表白了，结果被拒绝了，我该怎么办啊？我是不是特别不让人喜欢？

【敞开心扉】

我的小丫头，你有了自己喜欢的人了，而且还表白了呢，说明你很勇敢，这是值得赞赏的。但是对你这个年龄段的女生来说，恋爱是没有好处的，你应该庆幸自己没有陷入恋爱的牢笼。

遗憾的是，有的人在被拒绝后一蹶不振，感觉自己像是没有了自我，整天闷闷不乐的，仿佛没有了希望。有的人会不死心，继续向那个男生示好，最终只会让那个男生越发看不起她，更加不会接受她。这样只会让她越来越难过，不能在拒绝中缓过来。

几乎所有的事情都是有两面的，积极的人看到的就会是灿烂的阳光，那么消极的人呢，看到的就是满眼的黑暗。其实，被人拒绝也没有什么大不了的，这样的事情会让我们成长，让我们懂得更多，让我们慢慢成熟起来。可以说被拒绝是我们成长路上都会遇到的问题，不过这只是一次小小的失败经历而已，所以不要那么不开心啦。

悄悄地告诉你，姐姐小时候也曾经向班里最帅的男生表白过，结局也跟你一样，是被对方拒绝了。当时姐姐可难受了，每次见到他都低着头不好意思打招呼。不过后来就想开啦，其实没什么大不了的，只是我们当时并不懂得什么才算是真正的爱情。后来想想，自己为什么会喜欢他呢，是因为他的学习成绩好，还是因为他特别会打篮球？或是他在课堂上的表现很棒，又或者是他个子比较高？

青春期的你总是能看到别人的不同，而这样的不同也正是吸引你的地方。

不过，姐姐要在这里告诉你，你这只是想靠近、想交朋友而已，并不是你以为的喜欢或者爱。

这样想是不是也会觉得被拒绝没什么了？这种失败并不能代表什么，千万不要觉得自己不好，或者是自己不够优秀。因为这一次小小的挫折就否定了自己，这种做法才是真正的失败呢。丫头，你没什么不好，其实，他肯定也没你想象得那么好。先好好地学习和生活吧，然后某天再回头看看这段经历，你就会觉得其实这根本就不是什么大事，只不过是年少时的一段插曲罢了。如果仅仅因为这一次的失败就觉得自己很不好，那才是真正的大错特错呢。

丫头，姐姐相信你，等你真正长大了一定会遇到个很温暖的男孩，他会照顾你，对你好，他会疼着你，宠着你，他会把你当成手心里的宝贝来呵护。想想以后的那个他，是不是又充满期待了？悲伤都是暂时的，过了这段时间，伤口就会愈合了。下次再碰到那个男孩的时候，大胆地打个招呼吧，微笑的你，才是最美丽也最招人喜欢的。

【小小提醒】

表白被拒绝其实不算什么大事。也许现在的你还沉浸在痛苦中不能自拔，那就转移一下注意力吧。做些自己喜欢的事情，跟着爸爸妈妈到外面野餐，也可以叫上好朋友到公园溜达两圈，过了这段时间你就会觉得其实真的没什么大不了的。丫头，你要相信一定会有那么一个男孩出现在你的眼前，然后告诉你他是多么在乎你，或者你会再次鼓起勇气对日后心仪的人表白。丫头，种种的经历只是为了让你遇到一个更好的他，他一定会出现在你生命里，不过，是在你长大之后。

# 5
# 我怎么做才能不再暗恋他?

**【我的困惑】**

我有喜欢的男生了，可很不幸的是，他有“女朋友”了，而且他们关系还挺好的。我的学习成绩因为这件事情下降了不少，我知道我不能再这样了。但问题是，我不知道该怎么做才能不再喜欢他、关注他、暗恋他。

**【敞开心扉】**

小丫头，你有这样的想法，说明你是个挺理性的小姑娘。确实是这样的，暗恋一个人的时候，你总是在乎他的一言一行，希望能够在校园里遇到他；然而在校园里真的遇到了，只要他一回头，你就又会慌忙扭头，生怕被他知道你在关注他。在你最得意的时候，你想要他看到，在你最失意的时候，你最不想让他看到。在他跟你说话的时候，你的心会跳得很快，却不敢看他的眼睛。这就是暗恋一个人的感觉，这些感觉总是在不知不觉中影响你的心情。

这样持续下去，你肯定也没有心情学习了，成绩下降就是必然结果。我亲爱的小姑娘，你想要摆脱现在的困境，我真的替你高兴。这说明你已经了解了暗恋的后果，并想要改变。其实，我知道你心里肯定很难过，那么怎样做才能让自己好受一些呢?

第一，当我们心情低落时，可以用自我提醒、心灵暗示的方法来调整自己。每天早上照镜子的时候，给自己一个甜甜的微笑，并且说自己一定是最棒的。一些鼓励的话，能让人有活力，而且赞美还会让人有个好心情。虽然只是一句赞美的话，但是在你醒来的时候，听到的第一句话会影响你一天的心情。这句赞美，会给你带来一天的好心情。

第二，转移自己的注意力。我们每个人都会有自己最喜欢的事，在做这些事的时候，就会特别有兴致，特别高兴。那么，就先把自己暗恋的对象放到一边，做自己喜欢的事吧。你还可以把心思放到学习上，让学习成绩的提高来激励自己。时间长了，你会发现生活其实是很美好的。

第三，懂得平衡自己的生活。在自己的生活中，我们要懂得回味一下那些令自己快乐的事情。你为那些不开心的事情整天难过，情绪低沉，伤心，也都是无济于事的。你可以把自己不开心的事写下来，想说什么都写下来。事后也不要修改，也不用重读。当然，如果你不想写，你也可以和自己的妈妈交流，把自己的难过和妈妈说说，这也不失为一个很好的选择。

其实，我们生活中不如意的事十之八九，只要坚强面对，迎接我们的就是快乐。不要把所有的事都放在心里。难过的时候，可以和好朋友，和妈妈沟通，让他们做自己倾诉的对象。这样把烦心事都说出来，时间长了，你也会慢慢开心起来的。

【小小提醒】

当我们遇到不开心的事情时，交流沟通才是我们应该做的。千万不要一个人承受，那样只会让自己意志消沉。要把心放宽，做一个自信、乐观的小女生。放宽眼界，多看看世界，你会发现自己其实生活在一个非常美丽的地方。这样心情好了，学习成绩自然就会上去了。而且，我相信，你以后一定会遇到那个属于你的白马王子！

# 6
# 我收到情书了，该怎么处理？

【我的困惑】

回家写作业的时候，我在书包里发现了一封信，是一个男同学给我写的，他说他喜欢我，我这是收到情书了吗？我该怎么办啊？

【敞开心扉】

小丫头，首先要祝贺你，因为你已经长成了一个大姑娘，已经开始被人关注并且喜欢了。不过你也要清楚，这种喜欢，可不是爸爸妈妈在一起的那种有分量的爱情，这只是男孩被异性吸引的表现。

爱情其实是件很美妙的事，现在的你们也开始期待爱情，并开始付诸行动，想要得到爱情。但是爱情是有前提的，那就是你们要明白自己身上肩负的责任，一个不负责任的人是不会拥有真正的爱情的。

但是现在的你们并没有能力承担责任，也没有办法去照顾别人，你们的法律意识和道德观念都还很淡薄，很容易为了让异性满意而做出伤害自己的事情。早恋往往都是不成功的，甚至结局会让你很痛苦。

现在的你们已经对自己有了比较深刻的认识，开始根据自己的兴趣和喜好选择交往的朋友。只是这样做的结果往往是排斥某些同学，你会因为一个同学跟自己有着相同的喜好而与他每天在一起，也会因为某个人不小心说了一句不太尊重你的话而对他特别反感，甚至在今后很长一段时间里都不会再与他交流沟通。

青春期的你们在感情的把握上很容易遇到这样那样的问题，不过也不要过于担心，毕竟这是我们每个人都需要经历的过程，只要大胆地面对就好了。在面对自己喜欢的男生的时候，千万不要害羞。现在的你们喜欢的往往只是某个人身上的某种特质，你们只是被这种特质暂时吸引而已。不如先把这件事情放一放，等一段时间，看看自己喜欢的到底是什么，然后再做出决定吧！

男同学给你写情书也许只是因为被你身上的某一点吸引了，或许很快他就会被另一个异性的另一个特质吸引。写情书只是一种不太成熟的做法，这种喜欢的感觉往往不会持续很久，更容易昙花一现。所以，丫头，你可要淡定啊。

收到情书是不是很开心？心里是不是觉得可美可满足了？如果你本来就对这个男生有很好的印象，那么你就会更加开心。可如果这个男孩留给你的印象并不好，你是不是就会有那么一点儿郁闷呢？也许你现在心里已经知道了接下来该怎么做，不过，你也不妨先耐下心来听听我的方法。

首先要态度坚决。正处在青春期的你应该拒绝这份还不稳定的情感，不管多么困难也要大胆地对他说“不”。

其次要注意维护小男生的形象，千万不要为了拒绝他就把他全盘否定。再差的人都会有优点，婉转一些的拒绝会更好。

最后就是方式了，你可以选择不予理睬或是直接拒绝。当然了，你也可以给他回信，把不好意思说出口的拒绝写在纸上传给他看。不过最好不要让别人传话，那样会让别人也知道你拒绝了他，会让他觉得很尴尬。

不过，即使是拒绝了对方，也不要在今后的校园生活中对他不理不睬的，只要像以前一样就好了，青春期的你们，悲伤来得快，去得也快，这只是你们友谊当中的小插曲，我相信你一定可以处理好这种关系的。

【小小提醒】

丫头，要知道你现在最主要的任务是学习，而不是分心去做其他和年龄不符的事情。学好文化知识，多多锻炼自己的身体素质和心理素质才是最应该做的。收到男生送的情书，只要你处理得好，就可能在不伤害对方的情况下巧妙地拒绝。而且，你们还是好朋友，这些经历会让你在以后想起来时，嘴角禁不住上扬。

# 7
# 男孩都喜欢什么样的女孩？

**【我的困惑】**

男孩都喜欢什么样的女孩啊？好怕在他们心里留下不好的印象，他们心里到底怎么想的呢？

**【敞开心扉】**

哎哟，小丫头，你都开始在意这个问题啦？好好想想，在你心里喜欢什么样的男孩呢？是不是高高的、帅帅的，最好还是个班长，有着好看的笑容呢？男孩的心里跟你的想法其实是差不多的。

俗话说“萝卜青菜各有所爱”，每个男生喜欢的女孩类型都是不一样的，我们就来大致分一下类吧！

第一类，像大姐姐一样的女孩。这种女生虽然不一定是班花、校花，也不一定有多么漂亮，但是她们总是能很清楚地分析问题，在给别人讲解问题的时候也特别有耐心。她还会像个大姐姐一样照顾比她弱小的同学，时不时地帮助别人，而且这样的女孩脾气好。我想即使作为女生，你对这样的人的印象也不会很差吧？更何况是青春期的小男生们呢？

第二类，就是性格柔顺的。这种女孩也算不上特别漂亮，但总是乐呵呵的，不管什么时候都很自信，也很乐观。这样的人给人的第一印象永远不会差。

第三类，就是乖乖女。她们很乖巧，在班上总是安安静静的，也总是很听话。她们不仅是家长眼中的乖宝贝，也是老师眼里的乖学生。她们平时或许会有些内向，但也正是这样内向的性格才让男孩们产生了好奇，所以，她们也就自然而然地成了引人注目的对象。

第四类，就是那种长相出众的女孩。只要看上一眼，她们就让人忘不掉。不过这样的女生不是很多，毕竟并不是谁都可以那么幸运地得到美丽的脸庞。这类女孩很容易就能吸引到异性，赏心悦目的模样让谁看了都忍不住要记在心里。

虽然总结了这么多的类型，但是男孩的心理，姐姐也不是特别清楚，以上只是个大概。不过可以肯定的是，男孩一定不会喜欢那些穿着奇装异服，又有很多坏习惯的女孩。想象一下，如果这样的女孩出现在你的面前，你也不会舒服吧，又怎么会喜欢跟她做朋友呢？

看了这么多的类型，你又是哪一种类型呢？其实姐姐总结的并不全面，所以如果你不是上面的任何一类也不要沮丧，这只能说明你真的是个很特别的女孩，一定会受到额外关注的。

丫头，我们都应该知道，在这个世界上是没有十全十美的人的，所以千万不要为了一个完美的印象去刻意地改变自己。记得有一句话是“世界上没有完全相同的两片叶子”，这就说明我们是非常独特的存在，其实最自然的也是最美的。

**【小小提醒】**

每个人都不尽相同，而每个人的身上也都有独一无二的闪光点，正是这些闪光点让你变得与众不同，所以不要刻意地追求完美。这个年纪的你们也不要太过在意自己在别人眼里的形象，总之要大胆做自己，拥有发自心底的欢笑和最真诚的眼神才是最美丽的。做个自信、开朗、有明媚笑容的温暖女子吧！

# 8
# 我和他不是情侣，但没有人相信

【我的困惑】

最近看到了一篇关于蓝颜知己的文章，里边说了很多关于男孩和女孩的故事，好羡慕他们之间的那种友谊。这种友谊是我所向往的，而且我感觉自己已经拥有了这样的友谊。在班里我也有个知己，但我和他的关系却总是被别人传得好难听。心里好难受啊，感觉最近都不想和他在一起了，我该怎么办？这份友谊是我所向往的，好不想失去啊。

【敞开心扉】

先别难过，丫头，不得不说丫头看的文章还是很多的。其实在我们身边时常会有这样的事情，在我们的成长过程中，总是会遇到和自己谈得来的异性朋友，这是很好的事情。当我们和这样的异性朋友在一起的时候，我们会互相起外号，互相挖苦，彼此也丝毫不觉得过分。当你完成了一件让自己自豪的事，被别人吹捧得忘乎所以的时候，只有他好不给面子地泼冷水。当你半夜睡不着的时候，是他在半睡半醒的状态下，和你聊天。当你不开心的时候，他毫无怨言地陪你看电影，吃好吃的，各种疯。但是当你有对象的时候，他会远离，并送上祝福。当你失恋的时候，他会第一个为你抱不平。这就是我们的异性朋友，这样的朋友就被称为“蓝颜知己”。这就是陪在我们身边的异性朋友，这就是男孩女孩之间的真正的友谊。

我们和“蓝颜知己”只是朋友关系，没有掺杂任何的私欲。我们关心彼此，在关键的时刻给予对方正确的建议。因为这是为了对方好，所以不管说得多不给面子，也不会影响彼此的感情。这就是知己之间的相处之道，这就是只有彼此才能理解的友谊。这种友谊不同于恋人之间的感情，这种友谊也是真正存在的，如果你遇到了就好好珍惜吧！

你遇到了要好的异性朋友，这是你的幸运。别人的闲言碎语就不要放在心上了，把这些当成一种挑战吧。要知道，我亲爱的小姑娘，你越在意他们说的话，情况就会变得越来越糟。俗话说得好——“越描越黑”。清者自清，只要你们不把这些闲言碎语放在心上，就没有什么可以影响你们了。

现在你们正处在青春期，对感情的事把握得不好。如果你觉得这件事确实影响到你了，那么从现在开始就把自己的感情投放到生活中吧。把目光放在日常的美好事物上，放在自己感兴趣的事情上，用它们来转移视线，转移你的注意力。这样随着时间的流逝，谣言也就烟消云散了。而且，这样做还保护了友谊，何乐而不为呢？

【小小提醒】

你总是会遇到这样或那样的事情，当遇到了自己解决不了的问题时，先不要着急，静下心来好好想想。如果自己解决不了，也不要灰心，你还可以向妈妈唠叨唠叨，毕竟妈妈是过来人，她自己有很多的经历。我相信，妈妈一定会帮你解答的，说不定妈妈从前也经历过类似的事情呢。

# 9
# 我该怎样和男生交往?

**【我的困惑】**

我害怕给男同学留下不好的印象，但是又想跟他们在一起玩，那我该怎么和他们沟通，或者说，我该怎么和他们交往呢?

**【敞开心扉】**

丫头，这个问题姐姐当年也遇到过，想和男生一起玩，但是又害怕他们把自己当成假小子，不和他们一起玩又觉得自己的交际范围只局限在女生当中太狭窄，这种感觉很矛盾。再加上老师和爸爸妈妈一直在观察我们的一举一动，我们生怕一个不小心就和男同学发生点儿什么，传到他们的耳中。其实，这种顾虑很多女生都曾有过，只不过大家都是在心里纠结啦。

不过，姐姐倒是真的知道该怎么跟男生交往，所以你赶快来学学吧!

青春期正是你们心理和生理不断发育成熟的重要时期。伴随着生理发育，你们会不自觉地吸引异性，也会对异性产生好感和爱慕之情。你们想和小男生交流，并且希望能和他们成为很好的朋友。然而事实上，这里面还存在着一个问题，那就是关于友情和爱情的界线问题。小丫头，你可一定要把握好度哦，千万不要一不小心就越过了界线。

首先不要觉得不好意思。要像对待同性朋友那样去对待异性朋友，如果从一开始就对异性有不同的态度那就不对了。你们本身就是朋友，而朋友是没有那么明白的性别之分的。不好意思和过于谨慎的态度只会让对方觉得别扭，还会怀疑你是不是真心交朋友，所以一定要注意这个问题。

其次，就是不要太过随便了。毕竟男女有别，有时候你的大大咧咧会让男生望而却步，并且还会被女生看不好，假小子的形象可不太好。举止要大方、自然，不要过于拘谨或过于随便，只要将异性当成普通的朋友就好了，完全不需要有丝毫的别扭和拘束。只要自然地向别人展示自己就会有好多人跟你做朋友。千万不要为了什么而改变自己的外貌或是对善恶的评判标准，合群是好事，但是总是随波逐流就不是好事了。

最后就是要注意不要对男同学太过冷淡或太过热情。人家跟你说话你才回答，人家不说话你就不理，这样是不对的。不要太过冷淡了，否则班级的性别之分就会更加明显。当然了，也不能太过热情，重色轻友就是这么来的。毕竟你是一个女孩，过分热情只会引起同学们的议论，这样岂不是更加烦恼？

丫头，姐姐讲的你记在心里了没有？男女生也可以好好交往，女孩和男孩之间也是存在真正的友谊的，并不是只有互相爱慕的关系，还有实打实的好朋友和好同学的关系呢。所以在与男同学交流的时候不要有太多顾虑哟，把握好度就好了。

【小小提醒】

很多的女孩都有这样或那样的顾虑，姐姐要告诉你们，交朋友是不需要有顾虑的。男生也好，女生也罢，只要你是真诚地交朋友，那就不需要有任何顾虑，但是还是要好好地把握这个度的问题。虽然这个度只是在我们心里形成的一种安全界限，并没有明文规定，但是小丫头们可要自己注意啊。毕竟对于友情和爱情，你们的理解还不够全面。不过也不需要感到担心害怕，只要在平时多加注意就可以了。

# 10
# 早恋很不好吗？

【我的困惑】

班上的两位同学被老师发现早恋，老师还叫了他们的家长来学校谈话，我看到他们两个人都哭了，为什么大人们都不支持早恋啊？早恋很不好吗？

【敞开心扉】

丫头，你们班上已经有早恋的现象了啊？其实早恋说严重也不严重，说不严重也很严重，从你的角度看也许早恋并不是什么坏事，从严格意义上来说早恋是件很平常的事情，但是往往早恋带来的危害要大于它带来的好处，所以才会让老师和家长这么重视，甚至老师还要把家长请到学校谈话。

想要知道早恋到底哪里不好，大人为什么不支持早恋，就要先从早恋的概念开始了解，丫头，要耐着性子看完哟。

早恋也被叫作青春期恋爱，从这个叫法上可以看出，早恋一般是未成年人建立的恋爱关系。早恋的行为其实很正常，很多人在青春期都有过暗恋，或是向喜欢的人表白过，有的人还会确定恋爱关系。在西方，人们对早恋的看法没有中国家长那么严肃，他们把早恋当成一种正常现象。虽然是这样，但是仔细想想，早恋确实有危害，没办法让我们的父母放心。

早恋一般很朦胧，你不知道自己为什么会只想跟他在一起，也好像从来没想过未来，当然也没想过要组建家庭。这种感情徘徊在友情和爱情之间，所以早恋一般都没有结果。除了朦胧，早恋还特别让人矛盾。不知道丫头你是不是有过这样的经历，心里特别想跟一个人在一起，但是又害怕被老师和家长发现。你们总是在地下工作，这样做不仅耗费大量的精力，还会造成学习成绩下降的情况出现。如果你特别喜欢一个人，又不敢表白，你还会沉浸在一种更加矛盾的心理状态中。

那早恋的危害又有哪些呢？

首先，最明显的就是早恋造成情绪上的不稳定。这时候的你看到别的女生跟心仪的他交谈或是玩闹就会觉得不舒服。小男生之间甚至很有可能因为爱恋的对象而发生斗殴的现象。面对这种情况，女生很容易产生消极的情绪，这种情绪会逐渐影响身体，很有可能会引发低血糖和消化道疾病。

其次，早恋很容易造成心理上的郁闷。早恋既能带来好心情，让你觉得幸福甜蜜，也会给你带来一定的烦恼。比如当有来自老师和家长的压力时，你就很容易从心理上觉得不舒服，长此以往必然会造成很大的影响。

除了情绪和心理上的问题，早恋的孩子们还很有可能过早地发生性行为，但是这个时候的你们又没有能力负责，这样无论对谁都是不好的。所以，在你们还没有能力承担责任的时候，千万不要做不合时宜的事情。

最后就是家长和老师最关心的学习成绩问题了。虽然早恋在一定程度上可能会激励两个人共同学习、共同进步，但是在大多数的情况下，早恋会使人的学习成绩下降，还会造成人的叛逆心理。因此老师和家长才会格外地提高警惕，把早恋扼杀在摇篮里。

【小小提醒】

如果你正在早恋，那也不要害怕，丫头，首先你要提高自我保护意识，千万不要做出出格的事情来，毕竟现在的你们根本没有办法承担责任和后果；其次要尽量使早恋不影响你的日常生活，尤其是学习成绩，争取两个人朝着未来一起努力；最后，就是一定要认真地对待自己的恋人，还要注意培养自己良好的心理承受能力。如果你没有早恋，那就尽量避免吧，毕竟有时藏在心里的感情才能永远保持纯真和美丽。

# 11
# 我喜欢上了老师怎么办?

**【我的困惑】**

我喜欢上了我的语文老师，他懂得很多并且对同学们很好，语文老师人也帅，每次上他的课，我都认真听课，积极回答问题，总觉得这样能吸引他的注意力。可是我知道喜欢老师是不对的，我该怎么办啊?

**【敞开心扉】**

丫头，其实喜欢老师也是很普遍的现象，先不要急着烦恼，毕竟现在的你们还分辨不清什么是仰慕，什么又是爱情。

你们每天在学校，除了见到自己的同学之外，恐怕见得最多的就是老师了，同老师朝夕相处很容易就会对老师产生感情。但是这种感情又介于友情和爱情之间，这种感情和朋友之情不一样，但是又谈不上是爱情。这种感情很微妙也很让你纠结，这其实是很正常的现象，简单来说你这是很仰慕老师。

丫头，你是不是觉得老师很厉害?他每次都能解答你的问题，对你还特别有耐心，甚至比爸爸妈妈还要关心你的生活和学习。有时你更喜欢和老师交流而不是同父母沟通，这样久了你自然会觉得自己已经深深地被老师吸引而喜欢上了老师。

不过你这种感情只能停留在远远地看着他的程度，因为你并不知道老师是什么样的人。他关心你的生活和学习，更多的时候是出于老师的职责。老师被称为园丁，你们是祖国的花朵，老师的职责就是照顾好每一朵还未绽放的小花，而你恰恰是其中的一朵。这样想一想，是不是明白了一些?

老师往往是比你们年长许多的人，他们的言谈举止要比班上的男生得体得多，他们也更懂得照顾女孩的情绪。往往出于一种对年长者的依赖，你们会想要靠近老师，也会喜欢上老师，但是这种情感里把老师当成父兄的成分太多。好好想一想，你是不是觉得他在的时候特别安心?就像是哥哥或爸爸在你身边时一样？

你的这种喜欢我完全能理解，不过这是一种单相思。因为老师除了是老师之外，一定也有属于他自己的生活，而你们往往是在他的生活之外的，所以师生恋成功的概率很小，基本为零。因此你一定要清醒地认识到这一点，或者仔细观察一下老师在平时是什么样的人，也许他的形象并没有你想象得那么高大。不管怎么说，如果一个老师被同学喜欢、仰慕，那他作为一个老师是很成功的。

虽然喜欢老师这种行为我不是很提倡，但是上课认真听讲和积极回答问题可是你应该做的哟。千万不要因为他是你喜欢的老师，你才刻意地表现自己，而其他老师的课堂，你就变得消极不认真了。其实每一位老师都是很关心你的，作为一名学生，要在每节课上都好好听讲，认真地做笔记还要积极回答问题，这样才是一个让老师喜欢的好学生。

喜欢老师也不必烦恼，这只是青春期的小插曲，没准儿以后你还会喜欢上另一位老师，但这种喜欢与异性之间的相互吸引是有很大差别的，你一定要分清楚。

【小小提醒】

老师在学生心中一直有着很好的形象，尤其是那些能在课堂上带动学习氛围的老师，如果这时候他再对你有些额外的关注，你很容易就会喜欢上他。但是这种喜欢是片面的，你只是觉得他很厉害。也因为他的年长而觉得有他在会很踏实，这是种依赖感，就像我们依赖爸爸妈妈一样，爸爸妈妈不在身边你就开始依赖老师了。丫头，你可千万要注意喽！

# 12 我特别崇拜一个人！

【我的困惑】

我有一个特别崇拜的人，她是个大明星，唱歌超级棒的，我特别喜欢她，我也想成为她那样的人！

【敞开心扉】

呀，丫头有了自己崇拜的人啦？她是不是有一些特质吸引了你？这种崇拜心理是很正常的，人都会在不同的年龄段去崇拜不同的人，但是你崇拜的这些人有一个共同点，那就是比你强大。想想也对，谁会崇拜那些身上没有闪光点，比自己不好的人呢？

虽然崇拜能对我们的生活和学习产生很大的正面影响，但是它也能产生负面的影响。而我们需要做的，就是在不断放大正面影响的同时，尽量地避免负面影响发生。当然啦，我们也只能尽最大的努力让正面的影响越来越大，有些负面的影响却是无法避免的。

让我们来回忆一下，小时候的你是不是觉得爸爸妈妈特别厉害？他们会做很多的事情，还会为你准备好一切，几乎能解决你的所有问题，他们还会偶尔说上几句你似懂非懂的话，所以你以前会去崇拜自己的父母。

可是进入青春期后，你会突然发现，原来世界这么大，还有这么多有才能的人。渐渐地你会对很多事情有自己的看法，你渴望能够独立生活，开始想要逃离管束和唠叨，这种时候的你往往会去崇拜一些有反抗精神的人。他不一定有多么漂亮或是帅气，但是他敢作敢当，他能做出很多看起来很酷的事情。于是这样的人就成了你的崇拜对象，其实你只是为儿时崇拜的父母找到了一个替代者。

在青春期里，你们可能会为了心中的偶像做出一些很荒唐的事情。可以因为看了他的演唱会而彻夜不眠，可以为了一张演唱会门票攒好久钱，也可以为了见他一面逃课，甚至一个人出远门。你在做这些事情的时候比较盲目，只是一味地想要靠近自己的偶像，并且模仿他们的行为，却并不会去想这样做是不是正确的，也不会去分辨这样做的影响是什么。丫头，你可不要盲目崇拜呀。

成年之后，你们的分辨能力会增强，这时你就会发现以前的偶像没有那么耀眼，你也很久没有关注过他了。而你这时候崇拜的人往往是你生活中的榜样，他们身上的某种品质在深深地吸引着你。你并不会像之前那样，只关注偶像的外表或是行为。

丫头，崇拜一个人要挖掘他身上的闪光点，要崇拜一个能给自己当榜样的人，而不仅仅因为一个人的外表或是歌喉就崇拜他。你们要做的就是把自己锻炼成拥有好品质的人，只要你们注意自己的处事方式，做到问心无愧就好，说不定哪天你也会成为被别人崇拜的那位。

**【小小提醒】**

崇拜是一种很正常的心理现象，但最要紧的是你们不能盲目崇拜，也不能盲从，要时刻保持清醒的头脑，而不是成为狂热的粉丝，更不要为了谁去做傻事。被你崇拜的人身上一定有跟别人不一样的地方，你要学习他身上的种种优点。其实，你也可以给自己树立一个可以实现的目标，然后为之努力，这样你也能变成一个优秀的人。你不能只看到偶像的光鲜亮丽，更重要的是要能够从他们的人生经历中找寻到自己欠缺的部分，让自己变得更加完美和强大。

〈第四章〉

# “性”并不神秘

小姑娘，你知道自己是怎么来到这个世界的吗？电视里总是会演情侣亲吻的镜头，然后女主角就怀孕了，难道你真的是爸爸妈妈亲吻之后，就来到这个世界的吗？你有没有想过，为什么有的爸妈会生下男孩，而你的父母生的却是女孩？你有没有发现，在你的身边还有长得一模一样或者非常相似的双胞胎？他们的父母为什么会那么厉害呢？

古装电视剧里经常会出现“贞操”这个词，那你知道什么是贞操吗？电视里经常有避孕药广告，你懂里面说的是什么意思吗？面对别人对我们的侵犯，我们又应该怎么保护自己呢？

这些问题，是不是弄得你晕乎乎的？你想要知道它们都是怎么回事吗？那就赶快看看姐姐给你的解答吧。

# 1
# 爸妈亲吻就能生下我吗？

【我的困惑】

电视剧里常常有亲吻的镜头，一转眼，女主角就怀孕了。亲吻是不是就能怀孕呢？真的是爸妈亲吻之后就生下了我吗？

【敞开心扉】

哎呀，有些电视剧里的镜头不仅“少儿不宜”，还净误导人！不过，你看的电视剧也没什么不健康的内容，不然你就不会问是不是亲吻就能怀孕了！其实，电视剧、电影里只表现了男女亲吻的画面，把真正让女人怀孕的事给省略了，你不了解女人是怎么怀孕的，自然就认为男女亲吻就能让女人怀孕。

亲吻当然是不能让女人怀孕的，不然这世界得多恐怖、多混乱啊！有些国家还有亲吻礼呢，如果亲吻就能怀孕，你想想，吓不吓人……

那怎样才能怀孕呢？这个问题就深了。不过，通过前面几章的铺垫，这个问题讲起来也并不麻烦。在第一章里我们已经了解了女性的生殖系统，第二章我们又大概了解了男性的生殖系统，而怀孕的奥秘，就在男人女人的生殖系统里。

怀孕，就是母体内有了宝宝，而宝宝可不是一下子就出现在母体里的，宝宝的最初形式是受精卵。受精卵是什么？是女人身体里本来就有的吗？当然不是。所谓的受精卵，是由男人提供的精子和女人提供的卵子结合而成的，需要男人和女人的共同参与。

精子是男人的生殖细胞，卵子是女人的生殖细胞，它们在女人的生殖器官里相遇，结合之后变成受精卵，这个过程还有个名字，叫作“受孕”。受精卵会不断运动，最后运动到子宫中，附着在子宫内膜上，这个过程叫“着床”。当受精卵成功“着床”后，女人就算是怀孕了，之后受精卵会在子宫中不断发育。女性怀孕十个月左右时，受精卵发育为成熟的胎儿，呱呱坠地。

你是不是还是有些晕乎？别着急，精子和卵子还没跟你讲呢，后面再给你细说。到这儿，你应该知道怀孕跟亲吻没什么关系了吧，也该知道怀孕需要男女生殖器官的参与。而且你是不是觉得很神奇，原来我们的生命是从受精卵开始的，一个微小的受精卵竟变成一个高大聪明的人，想想都觉得不可思议！

小丫头，在接下来的介绍中我会为你解答那些你似懂非懂，又或者是完全没有概念的有关“性”的问题，你可要做好准备啦！

【小小提醒】

不能因为亲吻不会怀孕就偷偷地与男孩亲吻哈，初吻是很美好很浪漫的，是女孩一生中最美的体验，当然不能胡乱交付出去。而且，处于青春期的男孩女孩总是渴望了解和触碰对方的身体，这很容易犯错，而接吻就常常是错误的开端。我们女孩一定要学会保护自己，把最美好的事留到最合适的时间。

# 2
# 精子怎么会是“小蝌蚪”？

【我的困惑】

生理课上老师提到了精子和卵子，还说它们两个很特殊。那精子和卵子到底是什么呀？而且，我还听说精子就是男孩身体里的“小蝌蚪”，这又是怎么回事？

【敞开心扉】

精子和卵子结合成的受精卵就是生命的起点，而作为生殖细胞的精子和卵子自然是相当特殊的，丫头，要耐着性子看完哟。

前面已经提到了精液，而精液是由精子和精浆组成的，精子是由男性的睾丸产生的，精浆就是精子的营养物质。

没错，精子是小蝌蚪形状的，不过这种小蝌蚪可不会变成青蛙哟，不然得多吓人。精子有四部分，分别是头、颈、体和尾。头部主要由细胞核和顶体组成，什么是细胞核呢？在生物课上老师会提到，细胞核就是细胞中最最重要的一部分，就像心脏一样，不过在这里我就不过多地解释啦。精子的颈部比较短，就像人类的脖子一样，它也被称为连接段。精子的体部含有大量线粒体，可以提供能量。精子的尾部就是长长的尾巴，精子的长尾巴可以让精子自由活动，是不是和小蝌蚪一样一样的？

而卵子就是由女性体内的卵巢产生的，在我们还在妈妈肚子里的时候，我们的卵巢里其实就有卵子了，卵子是个圆球，卵子是我们人类体内最大的细胞。

卵子的外面有一层糖蛋白的外被，它的作用就是保护卵子。每一个卵子都只允许一个精子进入，就像是通行证一样，一旦有一个精子进入，其他的精子就会被隔离在外面。

男生和女生从进入青春期开始就会分别有成熟的精子和卵子排出，女生每个月排出一个卵子，但是精子大约三天就可以成熟一批，并且数量惊人，往往上亿。因为只有一个卵子，所以精子们的竞争很激烈。一旦精子和卵子相融合就会形成受精卵，而受精卵会经过一系列复杂的变化最终发育成小宝宝，是不是很神奇？

精子会像小蝌蚪一样运动，可是为什么精子可以得到这种能力，而卵子就只能乖乖地等着呢？这就要提到精子获能了。

获能就是获得能量，精子进入阴道后，发生了一系列的特定反应，使精子具有了真正的受精能力，之后精子才能参与受精这一过程。获能之后的精子就像是开启了新的模式，获能可以去除精子表面的覆盖物，增加精子的活力，以使精子能够与卵子结合。

那精子是怎么获能的呢？精子要先进入阴道一段时间，之后才能具备受精的能力。获能的本质就是让精子可以顺利地进入卵子，没有经过获能的精子是没有和卵子结合的能力的，可见获能是件很重要的事情。

在经过了获能之后，精子就会变得精力充沛，又开始了新一轮对卵子的竞争，成千上万的精子一齐游向卵子的场面一定很壮观。你有兴趣的话还可以上网搜一下图片和小短片，更好地理解精子的运动和受精的过程。

【小小提醒】

精子和卵子是人体内两种很特殊的细胞，它们是否健康会直接影响到小宝宝，所以在平时我们要注意身体的健康，发现问题及时咨询，以防发生难以弥补的遗憾。汽车的尾气以及不健康的生活习惯都有可能对精子造成影响，而不良嗜好和妇科疾病也会对卵子造成影响。所以要从现在起注意自己的身体情况，为以后打下坚实的基础。

# 3 睾丸和卵巢是什么？

【我的困惑】

睾丸产生精子，那睾丸是什么样子的啊？还有卵巢，卵巢的作用就是产生卵子吗？卵巢又是什么样子的？

【敞开心扉】

丫头，还记不记得我们在前面提到的阴囊呢？睾丸其实就在阴囊里，左右各一个，不过一般左边的睾丸要比右边的低一些。睾丸就像是椭圆形的鸡蛋，表面也很光滑，睾丸会从男生出生开始不断地发育成长，成熟之后，也会随着年龄的增大而逐渐萎缩。

睾丸的表面有一层厚厚的纤维膜，叫作白膜，睾丸内含有许许多多的小管道，叫作精曲小管，这里的精就是指精子。精曲小管的上皮可以产生精子，然后通过这些小小的管道将精子输出。整个睾丸的内部就是一个步调协调的大型的精子生产厂，每根精曲小管就像工厂里的流水线一样，源源不断向外运输精子。

睾丸属于男性的内生殖器，这点咱们已经在第二章提到过了。如果两个睾丸的位置差别不是很大那就是正常现象，如果差距很大就有问题了。丫头，你猜猜睾丸产生的精子总数是多少呢？那可是你掰着手指头和脚指头都数不清的数字。在一个男性的一生中，睾丸可以产生大约一万亿个精子，比卵子的数量多太多了。不过精子的产生很容易受到温度等因素的影响，汽车尾气和化学物质都可能对它造成影响，这样看来精子也很脆弱。

下面来说说卵巢吧。卵巢是位于女性盆腔内的一对生殖器官，卵巢组织由皮质和髓质构成。皮质在外层，其中有数以万计的原始卵泡及致密结缔组织；髓质在中心，无卵泡，含疏松结缔组织及丰富的血管、神经、淋巴管等。

卵细胞（即卵子）是由卵泡产生的，这是卵巢的功能之一。女婴出生时，每一卵巢内约含 75 万个原始卵泡，随着年龄的增长，绝大部分原始卵泡逐渐解体而消失。从青春期开始，每月有一定数量的卵泡生长发育，但通常只有一个卵泡成熟（大约经历 28 天），并且排卵。

无论是卵巢还是睾丸，都是人体很重要的器官，任何一个出了问题都会直接影响下一代的繁育，所以它们的健康至关重要。

【小小提醒】

好像这一章的内容都有那么一点点难懂，丫头，你是不是已经有了新的困惑？那就接着学习下去吧，能由一个问题产生另一个问题，才是勤学好问的女孩。有些问题爸爸妈妈也不好解释，所以会出现善意的谎言，不过这也是因为他们怕你理解不了。认真地翻翻姐姐的这本书，很多问题都可以找到答案啦！

# 4
# 精子和卵子“最美的相遇”

【我的困惑】

我知道了精子和卵子是怎么一回事，可是它们是怎么遇到彼此的呢？是一下子就遇到的还是经历了什么呢？

【敞开心扉】

丫头，精子和卵子的相遇可谓是一场最美的相遇哟，精子是经过了重重磨难才和久久等待的卵子相遇的，快快竖起你的耳朵听姐姐说吧。

男子用勃起的阴茎将精子送入女子体内，这种行为被称为“性交”，也可以称为发生“性行为”“性关系”或者是过“性生活”。不过在这里要提醒一句，现在的你们可是不能发生性行为的，因为你们还太小啦。

言归正传，精子是由男性的睾丸产生的，成年男子每天都可以产生上亿的精子，当精子进入女性的阴道之后，就会努力地向前游去。

不过并不是每个精子都精力充沛，就像人一样，有的人身体好，有的人身体差，精子中那些体质不好的就会在竞争中被淘汰，而那些体质好的精子在经过了几个小时的游泳之后，终于到达了女性的输卵管。

这时候的卵子已经在输卵管里等着到达的精子了，卵子被透明带仔细地保护着，就像是一个在等待骑士的公主一样静静地待在那里，终于有精子找到了它，于是第一道关卡就出现了，就是那层透明带，要想得到公主，就必须穿过那层厚厚的保护膜。这时候精子会用头部使劲儿地往那层透明带里钻，细长的尾巴不断地拍打着为自己鼓劲儿。然后精子就会慢慢地进入到透明带内，一旦有一个精子成功进入，那卵子就会阻止其他精子的进入。最后公主和第一个进入透明带的骑士幸福地生活在一起，也就形成了受精卵。

我们人类有 46 条染色体，染色体上的遗传基因决定了我们的性格、肤色、身高等等一切的特征。而精子和卵子中各有 23 条染色体，精子和卵子一旦结合就会成为拥有 46 条染色体的受精卵，这也就说明了我们的外貌、性格其实是受到了爸爸妈妈两个人的共同影响。

丫头，现在你该知道精子和卵子是如何相遇的了吧？精子遇到卵子，就像骑士经过千辛万苦才和公主在一起一样。而他们相遇之后就会奇迹般地融合为一体，于是就形成了受精卵，受精卵就是生命的开始。

卵子受精之后就会开始分裂，由一个变成两个，再经过大概 12 个小时变成四个，然后慢慢地增加数目，这时候就会形成一团细胞，经过四天的缓慢移动，这团细胞才会到达子宫，之后它就会钻进子宫内膜，继续生命的发育。然后经过十月怀胎，我们就会从妈妈的肚子里出来，再慢慢长大成人。

**【小小提醒】**

精子和卵子相遇形成受精卵，而受精卵就是我们还在妈妈肚子里时最初的样子。精子努力地向前游才能和卵子遇到，中间出的任何差错都会对受精卵造成影响，可见我们能出生是多么幸运呀，所以要好好地照顾自己。

# 5
# 生男生女由谁决定？

【我的困惑】

电视剧里，女主角没有儿子的话就会被人说是肚子不争气，那生男孩还是生女孩，真的是女人的肚子决定的吗？

【敞开心扉】

丫头可以因为电视剧的情节而发问，真是厉害呢！这个问题其实在以前一直困扰着很多的妈妈，因为以前的人总觉得生不出男孩，一定是女人的原因，因此，一个女人如果没有儿子往往会被人说闲话，其实这是不符合科学的。这种现象的产生是因为人们男尊女卑的思想根深蒂固，所以在发生了什么事情的时候，人们就会把过错算到女人身上。

生男生女一向是人们最关心的问题之一。很多人都想根据自己的想法生男孩或者女孩，很多人都认为只有男孩才能为家族开枝散叶，传宗接代，这种情节在电视剧里很常见。其实这种观念主要是受封建思想的影响，是毫无根据的！一旦女人生了女孩还会被婆婆数落，有的还会遭到丈夫的嫌弃；但是一旦女人生了男孩，她的地位就会提高，那些古装剧里面就有很多母凭子贵的情节。

其实生男孩还是生女孩，决定权是在男性手里的。前面一节我们提到了染色体，在你们的生物课上会涉及这个名词吧？染色体中有一对是决定我们性别的，我们也知道了我们身上的染色体有一半来自妈妈，有一半来自爸爸。然而我们的性别却是由来自爸爸的染色体决定的，所以生男生女是和女性没有关系的。只不过女性在以前一直都是弱势群体，因此才会在生不出男孩的时候被别人数落，好在现在很多人都已经知道了生育的奥秘，也就不会去责怪女性啦。

然而，就算人们知道了生育的奥秘，还是有很多人想着能够按照自己的意愿去得到儿子或者女儿。其实这是非常不明智的，因为染色体的结合是随机的，也是我们人类控制不了的。如果能控制胎儿的性别那还了得？那肯定会造成性别失衡的，到时候还会带来好多好多的问题呢。

现在你该知道生男生女是谁决定的了吧？

**【小小提醒】**

现在的你已经逐渐对我们是从哪里来的有了一些认识吧？下次别人问你相关问题的时候，你就可以把姐姐在书里提到的事情告诉他。其实有很多的手段可以知道妈妈肚子里的宝宝是男孩还是女孩，不过这种做法在一般情况下是不被允许的，因为有很多人希望自己能生个儿子，若是发现肚子里的是个女儿，也许会有人做出残忍的事情。其实男孩和女孩都是一样的。

# 6 生双胞胎是怎么回事?

【我的困惑】

妈妈只有我一个孩子，可是为什么有些妈妈可以生双胞胎啊？我们班上就有一对双胞胎，长得很像，都挺可爱的。

【敞开心扉】

你的身边是不是不常见到双胞胎呢？这是因为一般情况下女性身体内每次只会出现一个成熟的卵子来与精子融合形成受精卵。而双胞胎有两种形成的情况，其中一种就是异卵双胞胎。这种情况是女性身体内同时出现了两个卵子，于是就会产生两个独立的受精卵，经过复杂的生理变化之后，这两个受精卵发育成两个小宝宝，然后小宝宝出生就是双胞胎了。

还有一种情况也会有双胞胎产生，这种情况更加少见，叫作同卵双胞胎。从字面意思我们就能看出来，在这种情况下，两个胚胎是由同一个受精卵分裂成的。

你是不是已经发现了，有些双胞胎无论长相还是性格都很相像，他们再穿上一样的衣服简直是完全一样的两个人。可有的双胞胎的容貌却不怎么一样，还有的是龙凤胎，那就更不一样了，这又是什么原因呢？

异卵双胞胎的长相往往差别很大，还有可能是异性的，也就是龙凤胎，这和遗传基因有很大的关系。而同卵双胞胎出自同一个受精卵，所以他们有着完全一样的遗传基因，也因此才会特别相像。我们常常把双胞胎中出生在前面的孩子当成是第一个孩子，而后出生的孩子就是第一个宝宝的弟弟或妹妹。当然了，这样会让后出生的孩子很不服气，因为要叫跟自己一样大的孩子哥哥或姐姐。

不过双胞胎也会给准妈妈带来很多麻烦。两个宝宝会需要更多的营养，也会带来更加强烈的早孕反应，呕吐、头晕、失眠都是很明显的，有的准妈妈还会出现呼吸困难的情况，骨痛也很常见。妈妈怀双胞胎比怀一个宝宝体重增加得更多，到了怀孕的后期医生就会限制准妈妈的一些活动，体育锻炼、工作、旅行都会被限制，毕竟肚子里住着两个小宝宝，需要更加慎重。

【小小提醒】

双胞胎宝贝有很多相似的地方，有时候可以通过其中一个患病的情况来推断另一个孩子的身体隐患，从而及时治疗。双胞胎在一起特别可爱，但是这背后付出最多的就是妈妈了，妈妈肚子里住一个小宝宝就已经很累了，更何况是两个呢？没有妈妈十月怀胎的辛苦就没有可爱的宝宝，所以丫头，要乖乖听妈妈的话，也要开始学着关心妈妈，照顾妈妈啊。

# 7 试管里还可以长出孩子吗？

**【我的困惑】**

上课时老师提到了试管婴儿，我觉得很奇怪，试管婴儿就是在试管里长大的孩子吗？可是试管那么小，是不是有大号试管啊？

**【敞开心扉】**

丫头，你的想法很有趣，不过试管婴儿可不是在试管里长大的孩子哟。试管那么小，怎么能养育一个小宝宝呢？就算有大号的试管，那小宝宝被困在玻璃试管里，要怎么健康发育呢？

试管婴儿实际上就是在人体外进行受精，然后再把受精卵转移到妈妈的子宫里进行孕育，最后长成出生的小宝宝。一般情况下，受精的过程都是在妈妈的体内进行的，而试管婴儿受精的过程却是在妈妈体外进行的，所以才得名试管婴儿。这个名字是不是很形象呢？

第一个成功的试管婴儿案例发生在 1978 年，这在当时被称作人类医学史上的奇迹，因为它把在体内才能完成的工作第一次转移到了体外。在当时，根本没有人能想到这个方法竟然可以帮助那些没办法生育的夫妻。

前面提到，一般情况下人们是不需要通过试管婴儿来得到自己的小宝宝的。选择试管婴儿，往往是因为夫妻双方或一方的身体有问题。你肯定也在电视上看到过不孕不育的广告吧？有些女性先天或是后天丧失了怀孕的能力，在经过了一系列的治疗之后也没有取得任何成效，她们想生宝宝的想法又特别强烈，所以就只好采用试管婴儿的方法。虽然试管婴儿也是种不错的方法，但是花费很大，并且也不是百分之百都能成功的。

体外受精需要从女性和男性的体内分别取出卵子和精子，然后把精子和卵子放在特殊的培养基上，之后就要它们自然结合形成受精卵，不过这样做失败的概率很大。想要养育一个小宝宝可是件不简单的事情呢。在取卵子时还有可能会给女性的身体带来伤害，造成膀胱损伤或卵巢出血，情况严重的甚至还需要做手术来开腹止血呢。可是为了养育自己的小宝贝，妈妈们都坚持了下来，是不是很勇敢也很伟大?

在经历了漫长的等待和多次的失败之后，受精卵才会被转移到妈妈的子宫里好好发育，这之后还可能会流产。不过为了得到自己的孩子，这些事情在妈妈的眼里都不算什么啦！在爸爸妈妈的眼里，再没有比养育自己的宝宝更重要的事情。

讲了这么多，你该明白什么是试管婴儿了吧?

【小小提醒】

妈妈和爸爸为了养育自己的小宝贝往往会不惜一切代价，这就是亲情的力量，俗话说"血浓于水"，这就是最好的体现。选择试管婴儿的父母往往都已经做好了承受打击与失败的准备，不过为了自己能有个健康的小宝宝，他们即使会面对失败，也还是选择付出自己的所有去努力。小姑娘，爸爸妈妈是世界上最疼爱你的人，所以你平时一定要做个听话懂事的乖乖女哟，千万不要做让爸爸妈妈伤心的事情。

# 8
# 难道我真的是爸爸妈妈捡来的？

【我的困惑】

为什么我长得不像爸爸妈妈？但是班上很多同学都能被一眼看出是谁家的孩子。每次我看到别的同学的家长，都会想我是不是爸爸妈妈捡来的。

【敞开心扉】

丫头，千万不要胡思乱想，你是爸爸妈妈的亲亲宝贝，才不是捡回来的。其实我们长得不像爸爸妈妈并不能和不是亲生的画上等号。前面我们已经提到了遗传基因这个词语，人的长相、身高、头发颜色都和遗传基因有关系。除了遗传基因外，人体特征还会受到许多外界因素的影响，比如环境、营养，还有体育锻炼等等。

遗传一般是指子代会或多或少同父代保持相似特征的现象。人的遗传特征有的是由单纯的一对染色体上的基因决定的，有的却是由很多的基因决定的，于是就会因为不同基因的组合出现各种不同的情况。虽然爸爸妈妈的基因都会影响后代，但是基因若想发挥作用还与环境有很大的关系。如果生存条件恶劣，再好的基因都不会发挥作用，小时候营养不均衡的话也是不会发育好的。

所以如果跟爸爸妈妈有些不像也不必担心。如果爸爸的皮肤比较黑，而妈妈的比较白，那等他们后代的皮肤颜色一般都不会太黑，也不会像妈妈一样白皙。所以说，不像爸爸妈妈是很正常的，这跟遗传基因还有营养等各方面的因素都有关。所以根本没必要烦恼。

就像有的同学的爸爸妈妈个子都不高，可他却是个大高个儿，这可能是因为他青春期的营养供应得好，再加上他后天的努力锻炼。先天的遗传因素，再加上后天的环境影响一同作用在我们身上，才形成了我们现在的样子。你有没有发现，世上根本没有人长得跟爸爸或者妈妈完全一样，就连兄妹俩都有可能一个像爸爸妈妈，而另一个却谁都不像。

丫头，现在你该知道为什么有的孩子长得不像爸爸妈妈了吧？千万不要怀疑自己不是爸爸妈妈亲生的了。如果被爸爸妈妈知道了，他们没准儿会很伤心呢，放心啦，你肯定是爸爸妈妈的亲生宝贝。

说到遗传，丫头你知道吗？其实，父母的一些疾病也会因为遗传现象，有一定概率地出现在后代身上。下面姐姐就来向你介绍一下哪些疾病很容易由妈妈遗传给女儿。

首先是结肠癌，这种病症在下一代身上出现的概率很大。如果妈妈患有这类病症的话，就更需要我们定期地到医院检查身体，时刻了解身体的变化，也在日常的饮食和习惯上做出相应的调整。

其次就是乳腺癌，乳腺癌是一种具有明显遗传特征的恶性疾病。如果家族中有远亲得了乳腺癌，那么我们患病的概率就高于平均水平。而如果是近亲有乳腺癌，那么我们患病的概率就成了别人的两倍。如果是直系亲属出现了这种情况，那我们患病的概率就会一下子飙升到正常人的三倍以上，是不是很恐怖？

最后就是心脏病和糖尿病。如果家族中有人患有心脏病或者糖尿病，那你在日常的饮食中就要格外注意了。心脏病的遗传概率很高，并且后代的发病率也是很高的，在平时一定要注意自己的胆固醇水平，定期到医院进行检查。

如果是糖尿病，那就要在平时控制饮食，离那些美味的甜品远一些吧，还要定期运动，跑步、练瑜伽都是不错的选择。糖尿病并不是直接由遗传导致的，遗传只是加大了我们患病的概率，所以良好的生活和饮食习惯是至关重要的。

【小小提醒】

很多事情都是先天因素加上后天因素一起造成的，我们的身高、样貌当然也不例外，一部分来自爸爸妈妈的遗传基因的影响，另一部分就是我们后天所处环境的影响。其实很多的先天缺陷都可以靠后天的努力补上，比如个子矮，可以多多锻炼，并在正确的时间段补充充足的营养。所以，小丫头不要再纠结于这些不值得纠结的问题啦，做好自己就可以了。

# 9
# 贞操是什么，很重要吗？

【我的困惑】

电视剧里提到了贞操，贞操是什么啊？为什么电视上的人还有贞节牌坊呀？

【敞开心扉】

看样子电视剧对小丫头的影响还挺大的呀，你一定是在看古装的电视剧吧？在古代其实就已经有了对贞操的定义，贞操是指女性在婚前不发生性行为，并且在婚后从一而终。

古代的男性成家后，要保障一家人的生活开支，在最大的程度上保护自己的小家庭，而对古代的女性来说，她们的任务就是要在家里打理家务。坚守贞洁，从一而终不仅是对自己的忠诚，更是一种对家庭忠诚的表现。不过，守贞观念也成为了禁锢女性感情的绳索，它剥夺了女性的婚姻权利。古时候一个家庭的形成，往往是通过指腹为婚或是媒妁之言，两个人甚至从没见过就成了夫妻，而贞操观念的存在也让女性无法自主选择婚姻，一旦要挑战固有观念就会付出惨重的代价，而贞节牌坊就是古时候对那些坚守贞洁的女性的表彰。

但是到了唐代，这种观念已经被打破了，很多妇女改嫁，勇于追求自己的幸福。然而到了明清时代，这种观念死灰复燃，女性依然没有地位。贞操观念是当时的封建思想，当时的人们普遍认为女性是男性的附属品，女性没有自由，更别提像现在这样自由恋爱了。

有时候妈妈会跟爸爸开玩笑或争吵，在古代这都是不被允许的，女性都被“三从四德”约束，所以那时候的女人很苦。

不过现在的我们是完全自由的，能够自由恋爱，选择和自己喜欢的人在一起，还可以和自己喜欢的人组建家庭，幸福地生活下去。你还能看到很多的女性都可以选择离婚或者再嫁，这也是男女平等的表现。虽然现在贞操观念在逐渐淡薄，但是你也要做个自尊自爱的女生，千万不要去做不符合年龄的事情，也不要做一些出格的事。

正处在青春期的你们，身体的各个器官都还在不断地生长发育，一旦过早地发生了性行为，就会给自己带来很大的心理阴影，现代人的贞操观念，虽然不像古代人那般强烈，但对于你们来说，发生婚前性行为还是会使自己陷入深深的懊恼和悔恨之中。

而一旦有了第一次性行为，有些女孩就产生了自暴自弃、破罐破摔的想法，在行为上不检点，也会因此造成一系列的问题，到时候再后悔可就晚了。

不管是谁，对性的认识都需要一个慢慢了解的过程，性不是一下子就能明白的，这就需要我们平时多学习一些生理知识，多多读一下这方面的书籍。现在的你们还处在一个可塑性极强的时期，很多的问题都是可以避免的，也是可以改变的，所以千万不要有心理负担。

【小小提醒】

贞操是伦理道德的产物，要求女性在婚前不发生性行为，在婚后从一而终，但是这也是一种变相的束缚，阻碍了女性追求感情和婚姻的自由。不过事物都是有两面性的，虽然贞操观念有弊端，但也有值得我们借鉴的地方，比如在婚前不发生性行为，在婚后不与伴侣之外的异性有性行为等等。

# 10 处女膜是每个女孩都有的吗？

**【我的困惑】**

处女膜是每个女孩都有的吗？处女膜的作用是什么啊？

**【敞开心扉】**

处女膜在阴道口边缘，存在于阴道和阴道前庭的交界处，处女膜是一层薄薄的膜状组织，这里往往会存在一个误区，很多的人都认为处女膜是在阴道里。

处女膜很薄，你一定有尺子吧？成年女子的处女膜大概才 1 到 2 毫米那么厚，是不是很薄很脆弱？虽然处女膜看起来小小的，但是它里面还分布着血管和神经末梢。在处女膜上有小孔，经血就是通过小孔排出来的，这个小孔并没有什么固定的形状，有的人是圆的，有的人是椭圆的，还有的人是月牙形的，据统计处女膜大约有 30 多种形态，不过常见的处女膜孔都是圆形和椭圆形的。处女膜孔的形状并不会影响经血的排出和处女膜的生理功能。

万事都有例外，并不是每个女孩都会有处女膜的，但是没有处女膜的女生只占很小的一部分。还有一部分女孩没有处女膜孔，这种情况下就要到医院去做手术了，因为一旦没有处女膜孔，我们的经血就没有办法排出体外，不仅会出现肚子疼的症状，还会影响我们的日常生活。

处女膜是我们出生时就有的，每个人的处女膜的形态和厚薄都不一样。

青春期的你们阴道黏膜还比较薄弱，还不足以抵抗细菌的入侵，这时候处女膜的作用就明显啦，处女膜可以保护我们的生殖系统不受外来的细菌侵袭。

处女膜很脆弱，在很多情况下都有可能破裂，参加跳高、骑马、武术等剧烈运动时很有可能会处女膜破裂，从事繁重的体力劳动也会造成处女膜破裂。处女膜破裂往往会带来疼痛感，有时还会出血。

很多人都认为处女膜和处女有着必然的联系。虽然在很多情况下处女膜会意外破裂，但是处女膜破裂最主要的原因还是性行为，所以，你们平时一定要多加注意，千万不要做一些出格的事情。

**【小小提醒】**

如果你在青春期开始后久久没有出现月经初潮，并且开始周期性出现小腹疼痛的症状，甚至还可以在小腹摸到包块，那就很有可能是出现了没有处女膜孔的情况，在医学上叫作处女膜闭锁。这时候一定要去看医生，以防对身体造成进一步的伤害。不过也不用过于担心，大部分人都不会出现这种情况的。

# 11
# 什么是人流？

【我的困惑】

电视上很多广告都会提到无痛人流，妈妈说人流就是肚子里的宝宝没了，还说人流会伤害我们的身体，人流到底是什么？

【敞开心扉】

人流就是把妈妈肚子里没有发育成熟的小宝宝给取出来了。事实上，每一个准妈妈都不希望失去自己肚子里的小宝贝，所以一般情况下，是因为胎儿意外地住进了妈妈的肚子里，或者是因为胎儿患有严重的疾病，妈妈不得已选择人工流产的方法，不让胎儿继续成长。

虽然有的小宝宝是因为意外住进了准妈妈的肚子里，并不是准爸爸和准妈妈准备好了要养育的，但是姐姐还是觉得把孩子打掉是一种很不负责任的事情，当然排除小宝宝有先天性疾病的情况。

流产一般有两种方法，一种是手术法，另一种是药物法。

人工流产的手术相对来说比较安全，这就让很多不负责任的父母轻易地选择放弃肚子里的小宝宝，这样的做法是不是很残忍？而且人工流产毕竟是手术，同样有一定的风险，手术之后还可能会出现一系列的并发症，有些人就是因为做了人流手术才终身不孕，这就给人生造成了很大的遗憾。

流产之后还会出现恶心、头晕，甚至是抽搐、昏厥的情况，还有可能发生感染，导致身体受到严重的损害。一般流产的人会经历小月子，需要好好地补一补，可见这种手术其实对我们的损害还是很大的，为了避免这样的伤害，我们在平时就应该注意保护自己，千万不要做一些出格的事情。

姐姐已经在很多的地方提到了要自尊自爱，做符合自己年龄的事情，丫头是不是已经听烦了？不过这也是没办法的事情，因为一不小心误入歧途就可能给人生留下难以磨灭的污点。所以我们女孩一定要走好人生的每一步，千万不能因小失大，给自己带来一生的遗憾。

药物流产就是通过服用药物使小宝宝在妈妈肚子里夭折并脱落。这种方法的安全性很高，但是对于多次流产的人来说，每多一次流产就会给身体带来更大的伤害，严重的还会导致终身不孕，使人留下一生的遗憾。

所以，丫头，你可要好好地记住啦，千万不要偷尝禁果，和异性做出出格的事情，因为受伤害最大的可是我们女生呀。

【小小提醒】

流产是不是很可怕？其实只要在平时洁身自好，做正确的事情就可以避免了，不过也有些人是在意外的情况下发现自己怀孕的，这时候流产手术就成了一种解决问题的方法。做事情之前一定要想到可能带来的影响，毕竟自己做的就要自己承担，这个概念在成年之后你会明白得更加透彻。所以，小丫头，一定要做个自尊自爱、洁身自好的女孩哟。

# 12
# 避孕套是什么？

【我的困惑】

陪妈妈去超市买东西的时候，在一个小角落看到了一种叫避孕套的东西，装在一个小盒子里，问妈妈的时候，妈妈说平时用不到，那什么是避孕套？是用来避孕的吗？

【敞开心扉】

小丫头真聪明，避孕套的作用就是避孕啊，从名字就能知道它的功效，小丫头越来越厉害啦！

避孕套又叫作安全套或者卫生套，可以很有效地防止怀孕，也不会像药物那样对我们的身体造成伤害。避孕套一般是用天然橡胶做成的，避孕的效果很明显。如果人们注意使用避孕套的话，就不会有那么多胎儿要面临流产了。

避孕套可以阻止精子和卵子相遇，既然无法相遇那就自然无法形成受精卵，也就无法发育出小宝宝啦。采用避孕套避孕算是比较有效还比较方便的方法。避孕套的价格都比较便宜，而且避孕套还可以防止疾病的传播，可以有效阻止艾滋病、淋病的传播。什么是艾滋病呢？我们会在后面的章节中提到。

虽然避孕套是用橡胶制成的，但也存在着保质期的问题，过了保质期就要买新的喽。

避孕套虽然可以在很大程度上避免怀孕，但也并不是能让人完全高枕无忧，意外的情况还是有可能发生的。杜绝意外怀孕最有效的方法仍旧是不同异性发生性关系，虽然说起来很容易，但是实际做起来就没那么简单了。

正处在青春期的你们，经常脑子一热就会做出很多让大人很不理解的事情，当然也相当有可能因为一时冲动就做出不符合你们年龄的事情，比如有些男生对异性的好奇心很重，常常会有一些侵犯女生的举动。所以小丫头，你可一定要控制住自己的情绪和行为，还要学会一些自卫的方法，千万不要因为一时好奇就犯下大错。

【小小提醒】

与之前提到的意外怀孕之后采取人工流产的方式相比，避孕套要安全得多，但也不是万无一失的。丫头，你现在最主要的还是要认清自己在青春期这个年龄段该做些什么，而什么又是不能做的，随时把握好度对大家都有好处，我想聪明的你一定明白了吧？

# 13
# 避孕药对身体有什么害处吗?

【我的困惑】

避孕药可以避孕，那避孕药对身体有什么害处吗?

【敞开心扉】

其实和避孕套一样，避孕药的主要作用就是达到避孕的目的，不过丫头一定知道有句俗话叫作“是药三分毒”吧?既然是药物，就必然会给我们的身体带来一定的影响。

避孕药一般都是口服的，男性避孕药和女性避孕药都有。女性避孕药直接抑制排卵或者阻碍受精卵的运送，有些还会改变我们子宫和输卵管的活动方式，是不是很厉害的样子?但是我们也能通过这些强大的功能意识到，口服避孕药必然会给我们的身体带来影响，总会或多或少带来些副作用。

虽然口服避孕药是一种相对来说比较安全且有效的避孕方法，在停止服药之后还能让女人再次怀孕，完全不会影响女性繁育后代，并且避孕药还有一些治疗作用，它可以调整月经周期，缓解痛经，使皮肤光滑、月经量减少，甚至还会使我们的骨骼更加强壮。但是我们一定要看清，避孕药是一种抑制正常生理活动的药物，它也会给我们的身体带来一定的伤害。

经常使用避孕药虽然可以缓解痛经，但是它可能打乱女性体内激素的自然调节和平衡。除此之外，避孕药还会使女性出现类似早孕的反应，即恶心、头晕等。

避孕药的另一个副作用就是会使我们的白带增多，还会使我们出现乳房胀痛的现象，这些副作用中最严重的就是月经失调了。你也许会觉得奇怪，避孕药不是可以调整月经周期的吗?为什么又会引起月经失调呢?

这是因为药物能抑制排卵，在一定程度上影响子宫内膜，使子宫内膜变薄，这就会间接地使月经量减少甚至完全停经。

说到这里，你是不是已经明白了呢？其实“是药三分毒”这句话说得很正确，根本没有药物能在治病时完全不伤害我们的身体，避孕药当然也不例外。

【小小提醒】

一般来说，只要是身体健康的育龄女性都可以使用避孕药，但是还是有一些特殊情况，有慢性肝炎或肾炎、高血压、心脏病等疾病的人是不能使用的。千万不要以为避孕药能够缓解痛经，并且能在一定程度上调整月经周期就把它当成是一种良药，这种想法可是非常不正确的。有许多事情等到你长大了之后自然就会明白了，所以，丫头你要快快长大哟。

# 14
# 性病是不是很可怕?

**【我的困惑】**

那天看宣传片，上面提到了性病，性病是不是传染病的一种呢？那到底什么是性病呀？

**【敞开心扉】**

呀，这个问题可是有些深奥哟，不过，姐姐还是会想尽办法让你明白的。

性病就是能通过性行为传染的疾病，主要病变发生在生殖器部位，以前被称为“花柳病”，这是因为性病一般是生活习惯不好和行为不检点的人才会得的病，性病一般包括梅毒、淋病、软下疳等等。一般感染和传播的人群主要是卖淫、嫖娼者，还有婚外恋者，同性恋的传播概率也很大。通过感染和传播的人群我们就知道普通人患这种病的概率是很低的。

丫头，你是不是已经对眼前的这些名词有种头晕眼花的感觉了？不过为了让你了解更多的性方面的知识，我们不得不提到呀，所以你就稍微忍耐一下子吧？

虽然性病有很多种，但是我们还是可以提前预防的，在前面我们已经提到了，一般患性病的人大都是有不良的行为作风的，所以我们只要在平时注意提高我们的文化知识水平，这样就可以在遇到一些情况的时候不慌张、不彷徨，并且快速地找到解决办法。

其次要注意个人卫生，远离毒品，尽量不要向体内输血，以防通过血液感染性病。在出现可疑症状的时候，一定要及时到医院进行检查，做到以防万一。就算是真的得了性病也不要过于害怕，一般都是可以治疗的。但是在治疗期间要尽量避免性生活，而当真没办法避免的时候，前面提到的避孕套就是很好的选择了。平日里也要搞好家庭卫生，一定要勤换洗被罩、床单，还要将患者的内衣裤同别人的分开清洗。

其实只要你们对性病有个正确并且清醒的认识，就可以有效避免被传染上性病。另外，注意保持环境卫生，也可以在一定程度上抑制疾病的传播。

性病中最可怕的就是艾滋病了，有关艾滋病的知识我们会在后面提到。其实只要你们本着一种科学的态度去认识这些疾病，就可以很好地预防。

【小小提醒】

性病是不是很可怕呀？但是很多情况下，感染性病都是因为我们没有足够的知识知道怎样预防，这就要求我们在平时努力学习文化知识，注重培养好的生活习惯了。洁身自好这个词姐姐已经提到很多次了，你是不是已经慢慢地清楚了洁身自好的重要性了呢？一定要记在心里哟。

# 15
# 什么原因会使人患上艾滋病?

**【我的困惑】**

电视上的公益广告在提倡要平等地对待艾滋病病人，艾滋病是什么病呀?妈妈说艾滋病很可怕，为什么会有人感染上艾滋病呢?

**【敞开心扉】**

艾滋病很严重，它是一种传染病，患病的人会丧失免疫功能，治愈的概率很小。不过你也不用太过担心，只要掌握了艾滋病的传染原因和病理以及患病处理方式就不用怕啦。

艾滋病的学名是获得性免疫缺陷综合征，英文缩写 AIDS，是一种因为感染了人类免疫缺陷病毒而导致的免疫缺陷病，死亡率高。

那艾滋病是怎么传染的呢?

艾滋病的传染源有两种，一种就是人类免疫缺陷病毒携带者，还有一种是艾滋病病人。

艾滋病病毒存在于病人的血液、精液或阴道分泌物里，病人的乳汁里也有。艾滋病的传播途径主要有三种，首先是性接触传播，同艾滋病病毒携带者或者艾滋病病人发生性行为，很容易就会传染上艾滋病。其次是血液传播，输入了带有艾滋病病毒的血液也会被传染上艾滋病。第三种是母婴传播。前面已经提到了，这种病毒还会存在于乳汁中，母亲患有艾滋病，小宝宝就很危险了，在怀孕，分娩及哺乳过程中都有可能将艾滋病病毒传染给婴儿，所以往往患病的妈妈所生出的宝宝大多会患有艾滋病。

除了以上的几点，一般的握手、拥抱或是共用浴室和厕所都是没问题的，一起上下班或是参加派对，只要上面提到的几种情况不发生就完全没问题。很多人都特别害怕同艾滋病病人接触，认为连他们呼出的气体里都会含有艾滋病病毒，这种认识是完全错误的，是一种缺少常识的表现。艾滋病患者往往会因为自己的病而自卑，发生自杀的情况也很多。如果我们在行为和言语上表现出对艾滋病患者的害怕或是歧视的话，他们的心里会更加难受，所以我们要平等地对待他们，毕竟有很多人是在完全没有意识到的情况下患了这种病。

【小小提醒】

艾滋病患者一般会在初期出现发热、咽喉痛和恶心呕吐等现象，到了后期这些症状会更加严重，而患者的身体和心灵会受到更大的打击，一般体重会减轻10%以上，还会发生致残或者死亡。艾滋病病人已经很可怜了，我们在日常生活中千万不要歧视他们。不然，不仅会给他们带来很大的精神压力，还有可能导致他们做出一些过激的行为，如报复社会、自杀等等。艾滋病患者也是人，所以我们应该尊重他们、体谅他们，更应该与他们平等交流，而不是选择躲避和远离他们。

# 16
# 性别相同不能恋爱吗?

【我的困惑】

都说男生和女生在一起是恋爱，那同性之间就不能谈恋爱吗?

【敞开心扉】

丫头，这个问题比较敏感，不过姐姐可以告诉你，同性恋爱的行为并不被提倡，也还没有被大多数人接受。虽然同性恋这种性取向是存在的，但是有这种性取向的人非常少，绝大部分的人都是异性恋，也就是男生和女生在一起。

顾名思义，同性恋就是两个同性的人互相吸引，并且产生了很浓厚的感情，在一起谈恋爱。同性恋恋爱的对象是同性。在现实生活中，同性恋的人不多。你偶尔在街上会看到两个男生亲密地在一起，你可千万不要对人家产生偏见哟。

虽然喜欢同性也是一种性取向，但是由于文化还有宗教信仰的不同，不同国家的人对同性恋的看法也是不同的，在非洲和亚洲西部、南部的一些国家中，同性恋被看作是一种违法的行为，有的人甚至会因此被判死刑，是不是很恐怖?还有的人把同性恋和精神病联系在一起，认为喜欢同性就是心理有问题或是精神有问题，这是完全错误的观点。因为喜欢同性和精神病没有一丁点儿的关系，同性恋既不是一种精神病，也不是一种心理疾病，它只是一种很正常的性取向而已。

现在许多现代人都已经逐渐接受了同性恋的存在，有些国家的同性恋还可以结婚呢，但是如果你知道了一个人是同性恋的话，我想你还是或多或少会对那个人产生一些偏见。其实，这种做法是不对的，毕竟性取向很难改变。同性恋往往在看到异性的时候没有想要靠近的感觉，也不会出现爱慕或是暗恋的情况，他们只是把我们对异性的好感和爱慕之情转移到了同性的身上。虽然同性恋的人数不多，但我们平时碰到同性恋一定要注意自己的言辞，其实只要把他们当成平常人看待就好，更何况他们本来就是我们身边的平常人呀。

看到这里，小丫头，你是不是已经明白了呢？同性之间也是可以恋爱的，只是有的人暂时还无法接受罢了。不过，随着越来越多的国家在法律上承认同性恋，有的甚至还允许同性恋结婚，相信会有越来越多的人接受这种不常见的性取向，并且为他们提供一个更好的生活环境。

**【小小提醒】**

同性恋被称为是 Gay、玻璃、BL 或者是蕾丝、拉拉、百合，前面三个是对男性同性恋的称呼，后面的则是对女性同性恋的称呼。之前有很多的国家把同性恋看作是一种很严重的犯罪，还有的把同性恋归为是一种性疾病，但事实却是同性恋是一种完全正常的、真实存在的性取向，所以我们在日常生活中千万不要对同性恋产生偏见，这种行为是很伤害人的，毕竟所有人都希望能够得到他人的认可。

# 17
# 她们这样算不算同性恋？

**【我的困惑】**

我们班有两个女生关系特别好，整天手拉手一起上学放学，中午还一起到食堂吃饭，不管什么时候都在一起，就连上厕所都是结伴去的，她们是不是同性恋啊？

**【敞开心扉】**

哎呀，怎么能随便怀疑人家是同性恋呢？这样可是很不礼貌的行为哟，其实她们两个只是一种很正常的关系，在青春期时，有些男生会彼此特别要好，而有些女生也会出现你上面提到的情况，简单来说这叫作“同性依恋”。虽然两人形影不离，但是和同性恋还是有本质上的差别的。

同性之间的依恋其实就是一种友谊。在你还没有上学的时候，你可能会和好多小伙伴一起玩，那时候的你们还处在天真单纯的年龄段，对什么都充满好奇，也跟谁都能玩到一起，对人没有明确的区分。

在进入青春期之后，你们就有了很多的问题和烦恼，随着年龄的增加，你们开始逐渐地疏远一些人，这个阶段的你们渴望能有一份坚固的友谊，也特别希望那些懂你、能听你倾诉烦恼的人做你的好朋友。

但是这个时期，也是人渴望与异性交往接触的时期，但一旦和异性交往密切，又会招来同学们的议论，就连家长和老师也会格外地关注你们，如果选择和同性交往，就不会发生任何的问题。

这里你就要注意了，你的两个女同学只是在交朋友，她们只是要找一个无话不谈、形影不离的好闺密，并不是因为性。交这朋友的大前提是，两个人在某方面相似，如有共同的兴趣爱好，同时还需要两个人彼此信任，能掏心掏肺地交流。这样的两个人拥有很单纯的交朋友的心态，可不是什么同性恋。

同性恋是对异性根本没有好奇之心，相反却对同性产生了好感，虽然同性恋和同性依恋只差了一个字，可它们的差别还是很大的。

所以，作为旁观者，你也要正视这种关系，千万不要乱给人家扣帽子啊，这样不仅很不礼貌，还会让她们感到不安，甚至会因此关系破裂。

但生活中只交一个朋友总是不好的，老师、家长要鼓励孩子积极交友，不管是男生还是女生。广交朋友，不仅可以培养孩子的沟通能力，还能增强孩子与别人相处的能力。

【小小提醒】

若出现同性恋的情况，家长的态度是最关键的。如果孩子有同性恋的倾向，一定要合理地诱导他们回到正轨上，单纯斥责的话很容易让孩子在心理上产生阴影。只要能给孩子创造一个有安全感的环境，再鼓励他们多多交友，很快就能纠正他们同性恋的倾向。而作为旁观者，也不要轻易怀疑别人的关系，主动和他们做朋友吧。

# 18
# 什么样的人算性变态?

【我的困惑】

今天看法制节目，说有一个人性变态，还伤害了女孩，那到底什么是性变态啊？性变态是什么样的？是不是很恐怖？

【敞开心扉】

小丫头问的问题越来越有水平了，其实性变态就是一种性心理上的变态。所谓变态，就是一种不正常的状态，性变态就是性癖好异常，跟正常人不一样。这样的解释你是不是能稍微明白一点了？

一般人都是对异性产生性渴望的，这是一种很正常的性心理反应，比如你想接近一个你觉得不错的男生，有些男生也会费尽心机地想要认识你。

但是往往存在那么一群人，他们会因某样物品而对异性产生渴望，这就是性变态了。前面我们提到了同性恋，同性恋是喜欢同性，但也不是性变态，这点一定要记住。

一般有性变态行为的人都会选择隐藏他们的这种心理，因为这些行为不能被人们接受，还会给他们自己带来很大的麻烦，所以他们会选择小心谨慎地将这种癖好隐藏起来，也会刻意地表现得很正常。

有些性癖好会给别人带来很大的伤害，有些则不会对别人产生影响，比如喜欢女扮男装，或是男扮女装，这种癖好就不会给别人带来太大麻烦。但是有的人有性虐待癖好，不但会被人们厌恶，还会给别人造成很大伤害。

由于有特殊癖好的人一般会将自己的特殊癖好隐藏得很好，所以不容易被发现。当然，他们也不愿意承认自己患了心理疾病，自然也就不会主动地去接受治疗，往往这些人都是在严重伤害了别人之后被迫选择治疗的。在姐姐看来这种行为应该及时发现并及时治疗，越拖情况越严重。你们平时也一定要注意人身安全，千万不要被坏人盯上，无论什么时候，都是安全最重要。

**【小小提醒】**

大部分的性变态并不会对我们的人身安全造成影响，但是会给我们的心理造成阴影，所以在平时一定要注意保护自己，因为性变态的人往往隐藏得很好，这就要求我们看人不要只看外表，一定要深入了解之后再下决定。不过也不用过于担心啦，毕竟这类人还仅仅是一小部分而已，遇到问题及时和家长、老师反映沟通是一个很不错的方法。

# 19
# 强奸真的会发生吗?

**【我的困惑】**

常常在电视上的法制节目里看到强奸犯，妈妈和老师也会叮嘱我们不要太晚回家，更不要独自到比较偏僻的地方去，什么是强奸啊?真的会发生吗?

**【敞开心扉】**

呀，小姑娘，这个问题比较严肃。首先可以肯定的是，这种事情真的会发生，老师和妈妈的叮嘱都是相当有用和正确的，那什么才算是强奸呢?耐心地看完下面的话吧!

强奸是什么呢?一般我们认为男性在没有得到女性同意的情况下，强迫同女性发生了性关系，这样的情况被我们称为强奸。而强迫的手段，往往包括威胁、武力，总之是很坏很坏的人才会干出这种事情。一旦发生这种情况，那强迫人的一方就犯了强奸罪，这可是很严重的罪名呢。

一般强奸罪会被判三年以上十年以下的有期徒刑，严重的甚至会被判十年以上有期徒刑或者是要一辈子待在监狱里，再严重的就会被判死刑，为自己的行为付出代价。从法律的判决上你就能看出这个罪的恶劣程度了吧?

犯这种严重错误的人一般会有以下几种情况，首先就是缺少正确的排解方法，被黄色书籍、电影刺激，就想把电影或是书籍中的情节呈现在现实中，体验那种快感。这类人一般心理都比较不成熟，所以很容易将一般的冲动转化为犯罪动机，因此青春期的你们一定要避免接触宣扬色情和暴力的书籍，这些书籍会对你们的心理产生很大的影响。现在的你们分辨是非的能力还不是很强，还对未知事物充满好奇心，所以很容易有一些冲动的行为。

其次就是对女性存在仇恨心理，总觉得女生哪哪儿都不顺眼，就像你特别讨厌一个人，这时候他做什么都是错的。而这类人就很容易做出一些伤害女性的行为，这类人往往会对女性造成很大的伤害。

最后一种就比较常见了，你的身边是不是有长得特别漂亮的女同学呢？她们就很容易让别人有非分之想，因贪图受害人美丽而发生的强奸案比比皆是。那我们又该怎样做，才能尽量防止出现这种情况呢？

放学要按时回家，就算到同学家去也不要待得太晚，随时和家人保持联系，让家长知道你到底在哪里。晚上尽量不要一个人出门，非要出门的话就要跟爸爸妈妈商量一下。还有就是不要太注意打扮，说白了就是不要臭美。现在你们的主要任务可是好好学习，多花些心思在学习上才是王道。当然，也要在平时多学一些保护自己的手段，有些女孩会去学习跆拳道、柔道或是女子防身术，这些都是比较有用的，还可以当作是种锻炼，起到强身健体的作用。

**【小小提醒】**

现在的你们还是没有绽开的花朵，你们的人身安全非常重要，所以要在平时多多留意，不要太过相信熟人，学校里也不能排除色狼的存在。而青春期的男生也比较冲动，做事容易不计后果，所以你们自己要多多留心注意。听老师和家长的话，按时上下学，在夜晚不单独出门，不和朋友到偏僻的地方去，这些都是不错的保护人身安全的方法。小姑娘，你学会了吗？

# 20
# 什么算是性骚扰呢？

【我的困惑】

电视里的法制节目上经常出现“性骚扰”这个词，不是女职工被男老板骚扰，就是在公交车上女乘客被男乘客骚扰，突然感觉做个女孩好危险，那究竟什么行为算是性骚扰呢？

【敞开心扉】

性骚扰就是一方故意碰触另一方的性别特征部位，或者是故意提起有关性的话题，让对方很反感或不舒服。性骚扰发生的频率比较高，严重影响了我们的日常生活。

故意碰触你身体的敏感部位、用自己的性别特征部位靠近你的身体都属于性骚扰，这些行为我想你是知道的吧？可是还有一些行为，你认为只是让你感到不快的行为，但其实也是性骚扰。比如有人邀请你一起看“少儿不宜”的电影，或者让你看一些色情的图片和书籍，还比如要摸你的隐秘部位，又或者要拍摄你一丝不挂的照片或视频，这些都属于性骚扰。那些挑逗的话也是性骚扰的一种，而我们女生又是弱势群体，所以很容易被坏人盯上，一定要在平时多加注意。

其实男孩也有可能被性骚扰，性骚扰并没有规定一定是男生骚扰女生。有些男孩会被女性性骚扰，甚至是被男性性骚扰。所以并不是男生就能高枕无忧。

也许有时候你会觉得对方的碰触并不是有意为之的，也许只是无意的，但正是你的这种想法，使对方误解，因此招致更加严重的骚扰。

那些真的想要骚扰你的人，会一步一步得寸进尺，在你不注意的时候故意碰触，到后来进行进一步的侵犯行为，所以不管是有意还是无意，你都要在第一时间严厉地制止他们。

做事情都要多个心眼，尤其是对陌生人，该出手时就出手，该严厉时就严厉，只有你摆出强硬的态度，才能很好地控制事态的发展，否则后悔的时候已经晚了。

那我们在平时应该怎么做呢？

首先，我们要对性骚扰有明确的概念，要知道什么是性骚扰，也要知道什么样的行为能和性骚扰挂上钩。

其次，就是要有自己的底线，比如内衣内裤遮盖的乳房和外阴，坚决不能被别人碰触。如果对方的行为让你很不舒服，但是他又没有触到你的底线，你也要勇敢地制止他，并且要以严肃的态度对待这样的行为，而不是一味地忍耐。

除了身体上的碰触，最容易被我们忽视的就是语言上的挑逗了，遇到这种情况时也应该果断地说“不”，坚决不给他们一丝一毫的可乘之机。

最后一定要时刻提醒自己，对我们进行性骚扰的不仅仅是男性，有些女生也会这么做，所以一定要保持清醒的头脑。一定要对别人的行为和语言有一个很清楚的认知，不要以为这些只是小事，因小失大的事情常常发生，你可一定要注意了。

作为一个女生，我们要学会更好地保护自己。

【小小提醒】

在现实生活中你们很可能遭遇性骚扰，当你们被侵犯、被骚扰之后，一定要去跟爸爸妈妈沟通。如果觉得心里实在是过不去这个坎儿，就去心理医生那里咨询一下吧，医生一定能够给你很大的帮助。千万不要因为害羞就自己一个人默默忍受，这样对你们的身心健康有很大的损害，只要坦诚面对，大胆地说出来就好了。

# 21
# 发生性关系后不负责是不是犯法了？

【我的困惑】

是不是发生了性关系就要负责啊？可是电视上好多的男孩还是和女朋友分手了，这样做是不是很不对？是不是犯法了？

【敞开心扉】

丫头，并不是发生了性关系就要负责，也并不是不负责就会犯法，你对性关系又有怎样的理解呢？

其实发生性关系就是指发生了性行为。我们前面已经提到了同性恋，同性和异性都有可能发生性关系。

性关系一般是在我们长大成人之后发生的，有些是受到法律保护的，就比如我们的爸爸妈妈，他们可是有结婚证的人呀。不过有一些就不受法律的保护，就比如你们之中的那些偷尝禁果的孩子，这种行为很容易导致怀孕，埋下很多隐患，不论是对女生还是对男生，都是很不好的。

青春期的你们做事很容易冲动，往往按捺不住自己的好奇心，于是就会过早发生性行为。但是又因为你们对彼此缺少安全感，因而会感到无比紧张，再加上没有避孕的准备，很容易就会怀孕，还有可能带来阴道的炎症和损伤。而这个时候的你们，往往在怀孕之后会选择流产，前面我们已经提到了流产的危害，你们正是大好的年华，一步错就很可能导致终身遗憾，这是多么不值得的啊。

并且这种性关系是不受法律保护的，小男生也没有能力对你负责，现在的你们还处于很多的不确定当中，过早发生性关系只能给你们带来困扰。性行为很容易传染疾病，前面提到的性病就很可能乘虚而入，而一旦怀孕了，又会给我们女生无论是在生理上，还是在心理上都带来很大的负担。

现在的你是不是对这个问题有了更深入的了解呢？这就要求我们在与异性

交往时把握好度。首先，要理智地对待异性的表白和追求，就算你对向你表白的男生印象不错，也需要你冷静下来仔细地思考一下。当然，最好还是拒绝，早恋的利弊，我们在前面已经有了比较详细的阐明，但不管怎么样，具体怎么做还是要看你自己。

其次，要敢于反抗，有些异性会在平时的交往中有挑逗的言语和行为，这就要求我们多多注意分寸。一个人在家的时候也不要随便让男生进门，最好还是学习一些自卫的方法，前面提到的女子防身术就是不错的选择。其实只要我们始终自尊自爱、洁身自好，就完全可以避免这些问题。

【小小提醒】

现在的你正处在一个关键的年龄段，这个阶段的任何差错都有可能给你接下来的人生带来难以磨灭的影响，所以你可一定要明确自己的态度，也要明白自己该做什么不该做什么。只要我们时刻保持清醒的头脑，那不论什么问题都会迎刃而解了！

## 〈第五章〉

# 青春期的烦恼事

丫头，你是否也曾因为每个月都要来一次“大姨妈”而感到烦恼，甚至开始讨厌自己的身体呢？你是否也会觉得还是男孩好，不用经历每个月的那几天，也不用随时准备烦人的卫生巾？你是否也会常常感到莫名的孤独，心里乱糟糟的，却又不知道找谁倾诉？

当被人表白的时候，你会不知所措，甚至还会觉得被人喜欢是一件麻烦的事情。而当你出现了“性幻想”的时候，你也会不自觉地认为自己变坏了。当发现爸妈不再像小时候那般关心你的时候，你是否会因伤心难过，而独自一人暗暗落泪？

小丫头，其实这些青春期的烦恼事情，每个人都会经历，姐姐像你这般大的时候，想得也和你一样多，然而只要你了解了其中的道理，明白了该如何面对这些情况，这些烦恼事，也就变得不再烦恼了。

青春期的你们，正是爱做梦的时期，之所以会有烦恼，无疑是因为你们新奇于自己身上的种种变化。然而这些变化，在给你们带来了兴奋的同时，也给你们带来了恐惧。你们在害怕和兴奋中迷茫，烦恼也就自然而然产生了。这个时候，就多多和父母、老师沟通吧，他们一定会给你很大的帮助，并能够给你指出一条明亮的、正确的道路。

# 1
# 身体的变化让我好尴尬

【我的困惑】

乳房发育后我都不好意思挺胸走路，感觉好别扭，而且每个月的“大姨妈”也很麻烦。我好讨厌我的身体！

【敞开心扉】

告诉你个小秘密，我像你这么大的时候也是这样的，“小豆豆”变成“小馒头”让我浑身不舒服，不敢抬头挺胸地走路，总觉得自己丑死了；来“大姨妈”的时候也超级郁闷，喜欢运动的我，不仅不能再做运动了，还得垫着卫生巾，走路不舒服也就算了，“大姨妈”来的时候肚子还好疼好疼，那段时间每天心情都不好，快讨厌死自己了！

不过，没过多久我就不这么想了，并且慢慢地喜欢上了自己的身体变化，整个人也变得自信了。想知道我是怎么调节的吗？

其实，有两个原因让现在的你们讨厌自己的身体，只要知道这两个原因，再一一解决就好了。

第一个原因，就是你们还没准备好接受身体的变化，面对不再青涩的身体，你们有些不知所措。在发育之前，女孩跟男孩是一样的，没有小胸脯，可以毫无顾忌地蹦蹦跳跳，随自己高兴。现在倒好，胸前变得丰满了，每个月还有几天“流血的日子”，身体好像再也轻便不起来了，这样的改变真让人不适应。

还有一个原因，就是你们懂得害羞了。鼓起的胸脯，即使穿上宽松的衣服也会很明显，穿上胸罩后就更能让人看到清晰的轮廓。每天都担心坐在后排的男生看见自己的内衣，害怕迎面走来的男生注意自己的胸脯……真是恨不得把自己包起来，或者像鸵鸟一样把头藏起来才好。

我可爱的丫头，那是你还没意识到自己现在有多美。在身体变化的最初，不知所措是必然的，但是慢慢的，你就会发现自己的身体相对于男孩的强壮硬朗来说多了玲珑的美感。身体的曲线是造物主的馈赠，男人不仅不会觉得我们的身体丑陋，反而会欣赏和赞赏这种美。鼓起的胸脯和每个月的“大姨妈”是独属于女人的身体特征，让你们脱去了青涩和顽劣，多了一份恬静。

至于内衣的痕迹问题，那就是你的庸人自扰喽。只要不穿暴露的衣服，不穿紧身的衣服，内衣的痕迹是不明显的。而且，男孩也在慢慢长大，他们在对女孩的身体变化感到好奇的同时，自己也面临着自身身体变化的困扰。你要知道，大家都是一样的，都在成长成熟，成熟是让人喜悦的事，没什么不好意思的，要正视自己的身体，坦然地跟男孩相处。只要你们能够坦然地面对一切问题，这些就都不是什么大问题了。当然，我们在日常的生活中也要多多观察，多多阅读关于青春期身体变化的书籍，这样在自己面临这些变化的时候才不会手足无措，才会应对自如。

【小小提醒】

好多女孩因为害羞总是低头走路，不敢挺胸抬头，久而久之变成了“小罗锅”。正处于发育期的你们非常需要养成好的习惯，走路的姿势、坐姿、睡姿，都是要注意的，这关系到你们会长成什么样的体形。并且，挺胸抬头走路也是自信的表现，自信的女孩才是最美的。

# 2 做女生真麻烦！

【我的困惑】

每个月都有几天“流血的日子”，不仅肚子疼，还需要准备厚厚的卫生巾，好难受，做女生真麻烦！我讨厌死“大姨妈”了！

【敞开心扉】

其实每个女孩到了青春期都会对“大姨妈”产生类似的想法，在这里再次提醒一下，“大姨妈”可不是我们真实存在的亲戚，它是我们正常的生理现象，每个女孩到了一定的年龄都要有“大姨妈”来访。可有的女孩却因为这件事情烦恼不已，甚至开始讨厌自己女生的身份，觉得男孩要省事得多。

小姑娘，其实你这样的念头是不对的，你可是一个正处在青春期的女孩，如果和男生一个样，那岂不是错过了一个变成大美女的机会？仔细想一想，是不是这个道理？

虽然“大姨妈”让你很烦恼，来大姨妈时不能穿最爱的裙子，每每课间带着卫生巾上厕所，很是别扭，一不小心让男同学看到就羞死了。但是，来“大姨妈”对女孩来说是非常正常的事情，如果你没有这经历，那才要怀疑一下自己是否正常呢。所以，千万不要觉得自己这样会很另类，也千万不要有消极情绪。

随着你们不断地长大，你就会越来越明白“大姨妈”的重要性。“大姨妈”能清除你体内的一部分垃圾，让你变得更加健康，所以你更应该学着去适应它。那怎么才能和“大姨妈”和谐相处呢？我马上就来告诉你。

首先要注意饮食，尽量避免在那几天吃凉的、刺激性的食物，比如雪糕、辣椒等等。还要注意适当休息，在体育课上请个假也没什么不好意思的，谁让咱是宝贝小女生呢？

其次也要注意个人卫生，勤换卫生巾可是很必要的，不仅能让你觉得舒服，也会避免一些小状况的发生。

还有就是要注意做好保暖工作，那几天你的抵抗力可是不强的，需要更好地呵护才能保障健康。最最重要的一点就是要有个良好的心态，因为“大姨妈”跟你的成长发育有很大关系。只要做到了前面的几点，那么你离拥有玲珑曲线的大美女就不远了。

千万不要觉得自己变得另类了，也千万不要对每个月只有一次的“大姨妈”产生偏见，这是我们每个女孩都会经历的事情，而且它还会陪伴我们很长的时间呢。所以不要觉得麻烦，时间久了，你有了经验，也就不觉得那么麻烦了。你要知道，正因为它，你才能变得更加美丽成熟，所以，做个爱自己的青春期女孩吧！

【小小提醒】

很多女孩因为“大姨妈”的到来而烦恼不已，不仅影响了自己的情绪，更是让这种坏情绪影响了自己的生活和学习，这是很不好的哟。你们应该学着去接受它，毕竟这也是青春期的礼物，要知道只需要在日常生活中稍稍注意一下，就能安然度过让你头疼的那几天了。

# 3
# 我感到好孤独，为什么没人理解我？

【我的困惑】

我觉得自己是个大人了，可是父母还是像以前那样唠唠叨叨没完，同学们也开始不像从前那么无话不说，我突然觉得自己好孤独，为什么没人理解我，这到底是怎么了？

【敞开心扉】

虽然你已经在长大了，但是离你变成大人还有一段距离，千万不要为了这种小大人的念头，让自己钻牛角尖哟。

其实谁都会遇到你说的这种状况，这就是青春期的一个特点——人会感觉孤独。因为这个时候的你虽然在生理上开始逐渐长大，却并没有变成真正的大人。你的心理远远没有生理发展得快，处理问题的能力还很缺乏，你只是有了一定的思维能力，可是这与大人还有很大差距。

你们刚刚真正接触这个世界，真真切切地感受到了来自各个方面的压力，这些事情一下子就发生了，当然谁都没办法马上接受，所以觉得自己很孤独也是正常的现象。既然如此，那就调整好心态，一步步慢慢来。你会逐渐发现，只要愿意敞开心扉和别人分享、讨论这些问题，那么你遇到的这些状况就会很快被解决啦。

青春期的你们很容易出现情绪的波动，你会开始对事物有了好坏的认识，很容易就产生肯定或者否定的情绪，你开始变得爱憎分明。不过情绪的波动程度也和生活的环境有着很大的关系，如果没有很大的事故发生，坏情绪是不会出现的，所以不必过于担心。

这时候的你还对未来有着很美的憧憬，但是对现实的认识却不够，很容易就产生梦想与现实的落差，而这种落差会对你的情绪产生很大的影响。那些阴暗的小情绪很容易就控制了你脆弱的心灵。但是你一定要保持乐观的、积极向上的心，只要心情好，那些突如其来的小情绪就会消失不见了。

说了这么多，可有的时候你确实还是会感到孤独，那又该怎么办呢？别着急，我马上就来告诉你。

最好的方法就是与人交流。当然，除了与人交流之外，也有一些小方法可以改善这种情况。大哭一场或者选一本自己喜欢的书来读一读，都是不错的方法。看看美丽的风景，出门走走也是不错的选择。或者穿上你最爱的一件衣服，再想一想曾经令你开心的事情，烦恼也就会跑得远远的啦。

丫头，学着经常跟父母聊天吧。其实，这时候的你们，最需要做的就是多和爸爸妈妈沟通。因为他们可以凭借经验告诉你什么是对的，什么又是不好的。他们也是从你这个年纪过来的，或许他们也曾经是青春期迷茫的人，但是现在他们已经是成年人了，更有了你这个宝贝。父母的观点也许你并不会完全赞同，但是多多倾听总是没有错的。

丫头，你正处在宝贵的青春期，一定要做个开朗又乐观的女孩，这样的你，才是我们期待的，也是最美的你自己。

**【小小提醒】**

感到孤独并不可怕，不过可千万不要继续消沉下去啦！摆正心态，努力地适应这个世界才是现在的你最应该做的事情。跟好朋友一起聊聊天，找父母坐下来好好沟通一下，都是不错的方法。千万不要被自己的坏情绪困住了，只要敞开心扉就没有解决不了的问题。这样做以后，没准你就会发现其实这个世界也是很美丽的存在哟！

# 4 被人喜欢也是件麻烦事儿

**【我的困惑】**

班上的一个男生给我传纸条，说喜欢我，可我对他印象不是很深，又不好意思直接拒绝他。他让我放学跟他一起回家，可我并不想这样，我该怎么办啊？被人喜欢也真麻烦。

**【敞开心扉】**

恭喜你，丫头，你已经变成一个人见人爱的女孩了，都有男生对你表白了呢！被男同学喜欢是一件很值得开心的事情，证明你获得了别人的肯定，并且你身上一定有着一些别人没有的特质，这可以使你得到更多人的关注。所以，先不要烦恼，这本身就是一件很美好的事情呢。我们前几章也说过类似的事情，不知道你有没有发现。那么到底要怎么处理这件事情呢？接下来我们就进入正题吧！

青春期的你是不是已经开始对异性产生好感了？不自觉地关注那个他，他喜欢的颜色，喜欢穿的外套，还有他最近的心情……其实这是很正常的现象。也许是因为他的外表出众，吸引了你的目光，又或者是他说话的语气，让你非常喜欢。而当你做一件事情时，只要得到了他的回应，你就会心里美美的，就连外面的天气好像也跟着瞬间晴朗了起来。

如果你已经产生了这样的感觉，那么你也该理解为什么会有男生说喜欢你，还想跟你一起做伴回家；如果你现在还没有对异性产生好感，那么现在被人喜欢，你心里是不是也开始有了那么一丁点儿的不一样的感觉呢？千万不要觉得不好意思，也不要害羞，这都是正常的现象。虽然这个男生说喜欢你，但是这和爸爸妈妈之间的喜欢还是不同的，青春期的你还处于比较稚嫩的年纪，这时候的喜欢，还仅仅是一种纯纯的喜欢，是不能投入太多精力的，天天开心，好好学习，这才是青春期的你应该做的。

不要感觉很麻烦，喜欢与被喜欢从来都是很美好的事情。遇到这种情况要学着处理好，毕竟他是因为真的对你有好感，才将自己的心意表达出来了，他并没有做什么坏事儿。所以，我可爱的丫头，大胆地把自己的想法告诉他吧，相信你这样做既不会伤害你们之间的友谊，又可能会因此而得到一个很关心你的人哟。

丫头，平日也要常常跟父母沟通，父母才不会觉得这是不好的事情，他们会为你出谋划策，想出更好的办法来解决这件事情，维护你们的友谊。在父母眼里你们总是长不大的孩子，也是他们的宝，他们是不会让宝贝的你受到任何伤害的。所以在遇到事情的时候千万不要藏在心里，自己郁闷烦恼，而是要大胆地说出来，尽早跟父母沟通！

【小小提醒】

对异性产生关注，开始萌生好感是青春期孩子们的普遍现象，有些人被人喜欢会感到高兴，有的反而会感到烦恼。但是不管是什么样的心情，被人喜欢是因为有人肯定你，喜欢别人也是因为对方有优点吸引了你。这仅仅只是单纯的好感和纯粹的喜欢，摆正心态去看待，你就能好好处理这份友谊。经常与父母沟通是很重要的，千万不要因为这些事情影响自己的情绪，让自己不开心。

# 5 同学总说我和他在交往，烦死了！

【我的困惑】

我是一个初中生，在学校里我也算是个好学生，可是同学们都说我喜欢隔壁班的一个男生，这根本不是真的。本来以为过两天就没事了，可他们还是不住地传我跟那个男生的新闻，我该怎么办啊？

【敞开心扉】

丫头，不要太担心了。青春期是心理和生理都在快速发展的时期，在这个时期我们会遇到很多的变化。不仅仅有身体上明显的变化，还有心理上的变化。这个时候我们会对异性产生好感，也会开始了解人与人之间的感情，尤其是男女之间的感情，但是这个时候的你们还是不太能理解这种感情的。

正处在青春期的你们总会对这些事情很敏感，当然这些谁喜欢谁的问题也会被格外关注，这些都是源自你们的好奇心。也许只是因为某个男生多看了你一眼，或者是多跟你说了几句话，同学们就会当成是天大的新闻开始传播。虽然这跟青春期这个特殊的时间段有关系，但是有很大一部分也是因为你们平时看的电视剧的影响。好好想想，是不是这样呢？

静下心来想想，其实你的同学们并没有意识到他们这样做会给你带来伤害，也许，他们只是觉得很新鲜、很好奇。对于他们来说，你越在意，他们就越觉得这件事情是真的，就会传得越厉害，所以，保持良好的心态是至关重要的。有句话说得好“走自己的路，让别人说去吧”，只要你自己能够不在意这些，在听到这些流言蜚语的时候能不去计较也不去深究，就能够在一定程度上阻止他们的行为。

如果能够在听到关于自己的流言蜚语时，微笑着不去理睬，那你就是真正的大姑娘了。现在，就把这些经历当成是锻炼的机会，去努力地迎接挑战吧！

如果丫头你的心里实在难受，也可以找朋友沟通，或者是找爸爸妈妈和老师谈谈心，多多倾诉一下自己心里的问题。这种方式，可以缓解你的委屈心情，也可以让你从这样的烦恼中走出来。看书学习也是一种不错的放松方式，把你的思绪从流言蜚语中转移到学习中去，不仅能提高你的学习成绩，还能让那些曾经困扰你的流言蜚语慢慢消失，静下心来做好自己的事情才是你真正应该做的。

或许流言影响了你，让你不开心，让你烦恼，也让你不知所措，但你完全可以把它当成是一种锻炼，一次机会，一个培养你勇于面对困难的时机。自信、坚强、独立，才是最美的你。

【小小提醒】

遇到流言蜚语时，不要太过在意，也不要感到烦恼，要知道这些东西可以随着时间的流逝而慢慢消失掉。你只要做好自己的事情就对啦，千万不要让自己因此不开心，从而影响你的学习和生活。跟父母谈谈心，在倾诉烦恼的同时也能收获许多宝贵的经验，何乐而不为呢？流言蜚语并不可怕，可怕的是它能影响你。千万不要被它打倒，一蹶不振，要知道，每一段不平常的经历都是人生的礼物。珍惜这个礼物，学着处理，也学着成长，这样会给你带来惊喜。

# 6 有了“性幻想”的我，是不是变坏了？

【我的困惑】

做梦时总会出现“性幻想”，我是不是变成坏孩子了？我该怎么办？

【敞开心扉】

丫头，不要瞎想哦，你才不是坏孩子，这只是正常现象而已，不要过分紧张。说起性幻想，这名字乍一看好像很严重的样子，但是经过我的解释，你就会发现其实产生性幻想也没什么大不了的，这是每个人都会经历的。

所谓性幻想，是人类最常见的一种心理现象。但凡心智健全、身体健康的人都会有这样或那样的性幻想，只不过有的人出现的频率比较高，有的人出现的频率比较低而已。从本质上来说，这实在算不上是一件坏事。这跟你平时看的电视剧、电影有很大的关系。

性幻想是我们的大脑皮层活动的产物之一。所以，这只是一种很常见的现象而已，千万不要过于纠结。那仅仅是一种想象，也不会给你的日常生活带来任何的负面影响。偶尔的性幻想还能带来一定的好处，比如会提高你的想象力。丰富的想象力可是不断创新的必备条件。不过，如果你经常有性幻想的话，就不得不引起注意了。这表明你的日常生活还不够充实，你做事情也不够努力。这时候你就要学着去充实自己的业余生活，还要用功学习啦。在这个时候你具体还要做些什么呢？

你可以利用课余时间培养自己的兴趣爱好，这是一个不错的选择。不过千万不要因为自己的性幻想而认为自己变成坏孩子了，这是毫无关系的两件事。只要安排好自己的时间，保证学习的质量，安排丰富的课余活动，你的问题就会迎刃而解。把自己的所有心思都用在活动上，在睡觉的时候就不会胡思乱想了。周末的时候和朋友一起玩玩游戏，或者看一本自己喜欢的书也是不错的选择。一定不要看一些不适合青春期的你看的电影或电视剧。

青春期的你会遇到许多从前没有遇到过的问题，每到这种时候你有小困惑或者小纠结都是很正常的，关键是要找到问题出现的原因和解决办法，千万不要被自己的小心思困住，和父母沟通，和朋友谈心，出门散步，都是不错的排解方式。

【小小提醒】

青春期的你们还没有分辨是非的能力，对于外界传播的信息不要一味地接受，那样会给你带来不小的困扰。要尝试培养自己的兴趣爱好，在课余时间看看课外书或是去上自己感兴趣的特长班，都是很好的选择。这样做既丰富了业余生活，还能让自己增长见识，顺便还会降低出现性幻想的频率。天气这么好，青春这么美，为什么要躲在家里呢？出门走走吧，多看，多听，多学，多问，你会发现许多曾经令你困扰的问题早已经烟消云散，不见了踪影。

# 7
# 我怀疑自己不是爸妈亲生的

【我的困惑】

上了初中以后妈妈变得更加唠叨了，爸爸也时不时地问我班上哪个同学的成绩好。他们总是告诉我这个不对，那个不应该的，总拿我跟别人家的孩子做比较。我一定不是他们亲生的，他们跟我完全是两个世界的人！

【敞开心扉】

千万不要以为爸爸妈妈这样做是不爱你，也不要认为你不是他们亲生的，正爱你他们才会这样做呀。如果他们不爱你，不疼你，那干吗要处处关心你呢？

会产生这种想法，归根到底还是因为你正处在一个走向成熟的过渡期。这时候的你智力水平迅速发展，对问题也开始有了自己的见解，开始做一些自己认为对的事情，也开始跟风，看到别人做什么你就不自觉地也要去做，分辨是非的能力还没有那么强。面对家长的唠叨，你会十分不耐烦，甚至完全不能理解他们。于是你就有了“对着干”的念头。你想和同伴交流却又有了一些顾虑，你变得愈加敏感，有时同男生交流也会不好意思。

你开始有了广泛的兴趣爱好，也开始注意自己的形象，有了爱美的意识。这虽然是一个好现象，但一定要在不耽误学习和生活的基础上进行。爱美之心人皆有之，不过特别爱美可不是一个好现象，毕竟你的主要任务还是学习，你可是父母全部的希望。

丫头，这个时候交友也要慎重。要知道，有些事情对你是有害的，要学着自己分辨，千万不要形成不好的习惯，那会影响你今后的学习和生活。你也许还会遇到一些无法理解的人和事，但要时刻记得遇事须冷静，不要冲动地下决定。随着年龄的增长，你会发现，其实有很多事情本来没有你想象得那么严重。我亲爱的丫头，从现在开始做个快乐自信的小女生吧，让想起你的人会不自觉微笑，让父母放心，让朋友因你而感到温暖。学着爱自己，也学着将这爱传递出去。

慢慢改变自己，也许会让你在刚开始时感到不自在，但是情况是会慢慢改善的。姐姐这里就有三个小窍门，可以让你的心情好起来，也可以让你不再觉得那么受束缚。

首先要学会理解他人。父母一直都是你最亲近的人，他们的唠叨和时不时的比较都是为你好，出发点绝对是好的，这是一种关心你的表现。我亲爱的丫头，你要知道，父母和老师都希望你能越来越好，能超越其他的孩子，能获得更大的成功，收获更美好的未来。所以他们偶尔唠叨一点儿也是人之常情，毕竟渴望孩子成龙成凤的心是我们可以理解的。

其次要学着控制自己的情绪。要虚心地接受爸爸妈妈和老师的教育，毕竟他们都是为咱们好呀。还要学着在有些时候退一步，退一步才能海阔天空，只要在控制好自己情绪的基础上尝试与他们沟通，你一定可以有意想不到的收获。

最后一点也是最重要的一点，我可爱的丫头，你要逐渐去学着适应，努力提高自己的心理承受能力。怎么能怀疑自己不是亲生的呢？是不是自己的想法有些偏激了？我相信，只要你能想清楚这些，那你跟爸爸妈妈的矛盾就能解决了。

【小小提醒】

青春期是一个充满了不安和躁动的时间段，在这个过渡期里你一定要学着适应，也要学着转化自己的烦闷情绪。多多理解父母和老师，好好地控制自己的情绪，千万不要因为一时的痛快就做一些偏激的事情或者说一些偏激的话。你要知道，只有真正在乎你，真正爱你的人，才会时不时地对你唠叨。只要你心里清楚这些，我相信这些矛盾就都不再是矛盾，你要记得，我可爱的丫头，你一直是父母和老师眼里最棒的那一个。

# 8
# 加入班里的“小团体”是好是坏?

**【我的困惑】**

班上的同学总是三个一伙、五个一群，我和几个聊得来的同学也成了别人眼中的“小团体”“小组织”，这让我很郁闷，我该脱离他们吗？可是他们是我最好的朋友，我该怎么办？

**【敞开心扉】**

有没有发现班上关系特别好的同学总是放学一起回家，写作业还在一起，就连课间也舍不得分开，总是凑在一起？每每看到这样的情况，你们就会不自觉地把他们归为“小团体”“小组织”，觉得他们这样做是一种脱离班集体的行为，也想着他们这样做是不好的。

可是当你也成为了“小团体”中的一员时，你并不觉得有什么不好，反而觉得跟好朋友在一起特别轻松，课余时间也丰富了不少，但却因此而遭到了别人异样的目光，那到底这个“小团体”是好还是坏呢？

其实“小团体”里的人仅仅是因为关系比较好，有共同的兴趣爱好所以才走在了一起。这些“小团体”有好也有坏，不过只要你们能够处理好自己同班集体其他同学的关系，这些问题自然就会消失不见了。

首先要分清楚这是积极的“小团体”还是消极的“小团体”，一个积极的“小团体”不仅可以让你的学习成绩有所提高，还能培养你优秀的品质。在这个“小团体”中，你们可以互相帮助、互相学习，不论在生活还是学习上都能产生一种积极的影响。这样的“小团体”不仅对你有好处，还有利于班级的整体提高。这种“小团体”是我们提倡的，因为这样的团体会在班级里形成一股积极的势力，从而调动整个班级的学习气氛。在这样的环境下，你们会学到很多的东西，不仅可以学到团队合作，协调能力还会得到锻炼，而且你们还会收获很多的友情。

如果你所处的恰好是个消极的“小团体”，那你就要注意了。一个人是可以从很大程度上影响另一个人的，更何况是一个“小团体”？消极的团体会让你日益堕落，对学习提不起精神，上课经常走神儿，成绩还会因此下降。长期如此，后果是很严重的，所以一定要谨慎选择去留。

其次你们要注意多多听取别人的意见，比如同学对你们的看法以及老师的态度。不管最终的结果是什么，多多倾听总是不会有错的。无论别人对你有什么样的看法，你们都要试着去聆听，只是要自己好好地分析一下，懂得听取里边的有益于自己的部分。别人对你有意见，这不是也正好说明别人在关注你吗？

丫头，要学着客观地看待这件事情，如果你自己还是拿不准主意，那就多多同父母和老师沟通吧，他们一定会为你提出合理的建议。在他们的引导下，你一定能很快学会怎样处理好类似的问题。

**【小小提醒】**

当自己不小心成了“小团体”的一员时，一定要客观地看待这个问题呀。正所谓当局者迷，有时候从别人的角度看待问题才能找到更好的解决办法。保持良好心态，端正学习态度，遇事多与家长和老师沟通是个不错的选择。加入“小团体”到底是好还是坏，我相信你的心里一定早有答案了吧。

# 9 我和闺密绝交了，心里很难受

【我的困惑】

今天我跟我的好朋友闹翻了，她是我的闺密，可是我们已经绝交了，心里真不是滋味儿。

【敞开心扉】

所谓闺密，就是那些受过考验之后还能跟你在一起玩闹的人，是你受伤时安慰你的人，也是你得意忘形时泼你一盆凉水的人。你们是无话不说的好朋友，也是人生的知己，虽然偶尔也会产生矛盾，但彼此都不会在心里怨恨对方。

丫头，虽然你们看起来是绝交了，但是你心里还是想着她的对不对？你们心里也许都还有彼此，既然你们是闺密，就一定不会因为一时的争执，而轻易地为友谊画上句号。所以，先静下心来好好想想整件事情的来龙去脉吧，不要再烦恼了。你要知道闺密是一定不会这么轻易就分开的，也要相信，如果你们真的是闺密，那此时她一定也很难过，也在想着怎样和好呢。

既然和闺密产生了矛盾，就要静下心来好好反思一下。也不要吝惜“对不起”这三个字，先低头认错没什么不好意思的，也没什么大不了的，谁都不会因此小看你。如果很在乎这个朋友，也不想失去这个朋友，那偶尔低头又有什么关系呢？更何况是在自己的闺密面前，完全没必要害羞和胆怯。

想想你们之前一起走过的路吧，回忆是一件很美的事情，那些回忆或许并不完全是快乐与欢笑，还会有你们闹脾气、赌气的时候。但是这些事情却同样是你们最珍贵的回忆，现在想想是不是还会感到很甜蜜啊？这些回忆是人生中最珍贵的东西，想想这些事情会让你的心平静下来。想想她的好吧，再看看现在的你们，你会不会突然发现些什么呢？这些小矛盾是不是显得特别渺小？在你们伟大的友谊面前，再多的争执和矛盾都是微不足道的。

我亲爱的丫头，吵架或是闹翻真的没什么大不了，分析完整件事情再主动道歉是个不错的解决办法。如果实在不知道怎么办，也可以找个人倾诉呀，爸爸妈妈就是不错的选择。千万不要让这种情绪一直持续下去，当心憋坏身体，一颗愉悦的心才是开心生活的基础。好好问问自己，如果真的放不下这段感情，那就先向她伸出手吧！她没准也放不下自己的那份矜持，在等着你呢。

【小小提醒】

闺密是一辈子的好朋友，她可以听你的唠叨，包容你的小脾气，还能时不时地开导你，当然，你也会对她这么做。闺密来之不易，因为吵架而绝交是不是很不值得？深呼吸，然后整理自己的思绪。要知道不开心的事情很快就会过去，有些事现在不做就会变成遗憾，那为什么不赶快采取行动，还在一个人烦恼地等待呢？丫头，勇敢一点，伸出你稚嫩的双手，去拥抱你曾经、现在和未来的闺密吧。

# 10 怎样才能预防牙疼呢？

【我的困惑】

我都快被嘴里的那颗牙折磨死了，每天都没心情上课，还得用手托着腮帮子。妈妈带我去拔了牙才好了一些。那我该怎么做才能避免再次发生这种情况呢？牙疼真的好难受啊！

【敞开心扉】

哎呀，像你的这种烦恼，很多人都有过。悄悄告诉你，姐姐小的时候去拔牙还哭了呢。俗话说："牙疼不是病，疼起来真要命。"牙一疼起来，咱们好像什么办法都没了，真是太难受了。

在牙疼的原因当中，最最常见的，就是龋病了。

龋病就是我们常说的蛀牙，也有人说成是虫牙，大人们会这么告诉你："你的牙被虫子吃掉了。"事实可没那么恐怖。简单点来说就是有细菌在你的牙齿上滋生，把牙齿给腐蚀掉了。一旦失去保护，牙齿的内部就会暴露出来。人在吃东西的时候，触碰到里面的神经，就会感到疼痛了。

小时候我们的牙齿小小的，有的人还有些不整齐，那套牙齿叫作乳牙。我们的一生会有两套牙，一套是乳牙，而另一套就是在乳牙掉了之后长出来的恒牙。青春期的你们恒牙已经长齐了，这套牙齿可是要伴随我们一生的，我们老了之后牙齿掉光光也不会再有新牙长出来了。所以我们更要爱护牙齿，也要学会保护我们的牙齿。

妈妈和老师是不是都教育你们要早晚刷牙呢？其实爱护牙齿，首先就是要从注意保持口腔卫生做起，而最直接的办法就是刷牙和漱口。

牙要每天早晚各刷一次，吃完饭之后还要漱口。相比于早晨刷牙，睡前刷牙更重要，因为口腔内的菌群在晚上活动得最频繁，细菌一旦繁殖就会危害我们的牙齿，也就会出现龋病了。

刷牙也是要讲究方法的，刷牙的方式不正确，牙就白刷了，完全达不到清除细菌的目的。要注意刷牙时要上下顺着刷，而不是左右横着刷，还要注意刷到里面的后牙和牙齿的咬合面，这样才能彻底清除我们口腔里的脏东西。每次刷牙的时间要在三分钟以上，低于三分钟也是无法将脏东西清除干净的。

除了要按时刷牙和饭后漱口以外，在饮食上也要注意。多多食用粗糙、富含纤维的食物，这样可以帮助我们锻炼牙齿周围的组织，还能摩擦我们牙齿的咬合面，充分地咀嚼也可以让食物的残渣不在口腔内停留。

很多女孩都喜欢吃小甜点，不过为了我们牙齿的健康，少吃甜食也是很重要的。因为那些甜食可以作为细菌的营养物质，一旦得到了营养，细菌就会更快地繁殖，也就会加大我们出现蛀牙的概率。

最后，就是要定期地去检查牙齿了。检查牙齿可不像拔牙那么疼，所以千万不要害怕啊。定期的检查可以让我们及早地发现牙齿出现的问题，并且能够及时地到医院进行治疗。什么病症都是一样的，越早发现越早治疗就越容易治好，可不能以为没什么大不了的就拖着不去看病，这样很容易就会造成牙齿疼痛难忍的情况出现。也许本来只需要补一下牙，可就是因为拖着不去看，到了最后就只能选择拔牙了，拔牙可是很疼的。

虽然说牙疼起来简直要命，但是，如果我们想预防，也并没有想象中那么难。只要按着上面提到的几点，注意保持口腔卫生，还有在平时注意饮食，那就一定可以有一口漂亮又健康的牙齿啦。

**【小小提醒】**

保持口腔卫生中很重要的一点就是要定期地更换牙刷，你的牙刷会用多久呢？是用到毛都没了还是会定期更换呢？其实一支牙刷的有效使用寿命只有短短的三个月。在那三个月的时间里，你每天早晚都刷牙，牙刷上早已经沾了很多的细菌。而且细菌还会在牙刷上繁殖，虽然表面上看起来这牙刷并没有损坏，但实际上它已经被细菌侵占了。所以千万不要因为节省或是懒得去买新的就一直用一支牙刷呀，牙刷用三个月左右就要扔掉啦，你记住了没有？

# 11 我好讨厌上学，可以不去吗？

【我的困惑】

真是烦死了，每天都要很早起床，都还没有睡醒呢，困死了。然后又要上一天无聊的课程，放学之后还要写作业，弄得我都没有休息的时间了，我好讨厌天天上学，不去上学了不行吗？上学究竟有什么用？

【敞开心扉】

作为学生，不去上学当然是不可以的。刚进入青春期的你们，正处于叛逆期，你们的心智尚不成熟，每天只想着玩乐是很正常的事情。再加上外面的世界很美好，各种好玩的都在诱惑着你。

而相比之下，学校里的生活，整天都很枯燥无味，除了学习还是学习，连游戏时间都少得可怜。每周一两节的体育课，是你们唯一可以放松的时间，其余的时间，你们都只能埋头认真学习。

这样的学习压力，让你们不堪重负，再加上青春期时的你们都有赖床的习惯，为了上学还要起个大早，这就更让人讨厌学习啦。而且，其实不只是学生们讨厌上学，就连很多老师，也同样讨厌教书。他们每天都要面对各式各样的学生，而且还要备课，久而久之，也产生了一定的负面情绪。带着这样的情绪上课，课堂容易变得十分无聊，也让你们这些学生越来越不喜欢上课。

不过，无论你怎样讨厌上学，也绝对不能轻易放弃上学。

哦，对了，我想你一定也经常听说“九年义务教育”这几个字。义务教育，是根据宪法规定，适龄儿童和青少年都必须接受，国家、社会、家庭必须予以保证的国民教育。其实质是，国家依照法律的规定，对适龄儿童和青少年实施的一定年限的强迫教育制度。既然是“强迫教育”，那么也就是说，所有人都必须遵守的。如果你就这样突然放弃了学业，选择辍学的话，岂不是违背了国家的规定？

不仅如此，对你自己而言，放弃学业也有很大的负面影响。

你想一想，如今的社会发展得如此迅速，所有人都在努力学习，接受新的事物。如果不紧跟时代的步伐，就会被社会抛弃。而在学校学习知识，就是提高自己能力的最好途径。如果你不去学校，你要怎么学习新知识，怎么保证自己不被社会抛弃呢？

不是有一句话叫“活到老，学到老”嘛，而且，还有七十几岁考上大学的人呢，既然人家都能做到，你一个有志向的青少年，祖国的花朵，怎么能够轻言放弃呢？

所以，还是乖乖去学校，好好学习吧。

【小小提醒】

学习对我们每一个人来说都很重要，如果不想脱离社会，就必须丰富自己的知识，只有这样，才能不与社会脱节。将来步入社会的时候，也才能懂得更多，变得更加自信。

〈第六章〉

# 学会保护自己的身体

青春期对每个人来说，都是既美好又危险的。这个阶段的少男少女充满朝气，就像是早晨八九点钟的太阳。在他们看来，一切都是充满阳光和希望的。

而伴随着青春期而来的，还有生理和心理上的巨大变化。这些变化往往会让正处于青春期的他们措手不及，不知道该如何面对。处理不好，就会给他们的身心带来巨大的伤害。

尤其是对女孩来说，生活中有很多地方，稍不注意就会给人生留下遗憾。

小丫头，夏天的时候，看到自己鼓起来的小胸脯，你是不是也曾感到尴尬，想到要束胸呢？面对市场上种类繁多的胸罩，你是不是也感到很无力，不知道究竟哪一款才是适合自己的？“大姨妈”来串门的时候，若是正好赶上了体育课，你是不是也很郁闷，不知道该怎么办？请假怕老师生气，可不请假，身体又不允许。看到漂亮的高跟鞋，你很想穿一下，但妈妈不允许，说这样会伤害身体……

“学会保护自己。”进入青春期之后，这样的一句话，是不是经常能够听到？可究竟该怎样做，才能正确地保护自己呢？

# 1
# 胸前鼓鼓的，好丢脸，我能束胸吗？

【我的困惑】

这段时间突然觉得自己胸前的“小豆豆”变大了，尤其在夏天穿衣服的时候特别明显，别人的就没有我这样明显。好尴尬，真纠结啊，我能不能束胸啊？

【敞开心扉】

小姑娘，先不要难过，现在的你应该感到开心才对呀。你遇到这种情况，说明你的胸部发育得很健康，完全没有发育不良的现象，甚至比其他女孩发育得都好呢，这可是件应该高兴的事。胸部的发育是我们女孩特有的，还是你拥有曼妙身材的前提。

现在的你觉得胸前的“小豆豆”突出来会尴尬是很正常的心理，但是等到你长大了，你才会真正理解胸部发育的重要性，这是多少女孩梦寐以求的事啊。有的人因为胸小，会特意找一些偏方来增大胸前的“小豆豆”，有的甚至还会去医院做手术。所以说，你看到自己的胸部发育得很好应该高兴才对。

其实出现这种情况一点也不用担心。女孩拥有美好的胸部，才是最好看的。只有那些平胸的女孩才会担心自己的胸部呢。和你一样有这种疑惑的女孩很多，但你们的担心是多余的。

话虽然这么说，但如果你还是会因为自己的胸部比其他同学的都大而觉得很尴尬，觉得不自在，一心想要束胸的话，那么就先看完下面这些束胸的影响再决定吧。

首先，在束胸的过程中，心脏、肺等器官也会受到束缚，从而导致内脏器官无法正常发育和胸部发育不良。那么紧的内衣勒在你的身上，想一想都会觉得难受吧？

其次，束胸必然会影响胸式呼吸。我们的呼吸是由胸式呼吸和腹式呼吸组成的，如果影响了其中一个，必然会造成氧气供应不足，这对身体是极其有害的。想一想，如果你每天都让自己的身体处于氧气供应不足的条件下，你的身体还怎么能健康呢？

最后也是最重要的，那就是束胸还会影响乳房的正常发育。想象一下，如果乳房长期处在一种被勒紧的状态下，乳房中的血液势必会流通不畅，从而产生疼痛感，甚至会影响乳房的健康发育，还会影响你的整体美观，到那时，你就没办法变成自己心目中的小美女啦！

看了我的解释之后，你是不是对束胸的危害已经有了大致的了解呢？聪明的你一定知道自己该怎么做了吧。乳房的发育本就是一个正常的生理现象，是我们人为不能阻止的，所以就顺其自然吧。挑选几款材质舒适的内衣穿，如果还有困惑就向妈妈咨询一下，妈妈作为过来人一定知道该怎么做，所以，不要再难过了！

**【小小提醒】**

很多女孩都会在乳房发育的初期产生一种羞涩的心理，认为自己这样特别引人注目，会从心里感到不适。这时候一定要保持良好的心态，积极地面对青春期的种种身体上的变化。不要担心这些问题，很多问题都是女生必须经历的。所以，学着坦然地面对吧！每一段经历都是我们成长中的宝贵财富，而只有经历了这些，我们才能变得更加美丽与自信！跟束胸说拜拜吧，挺起你的小胸脯，自信的女孩才是最美的！

# 2 怎么选择适合自己的胸罩？

**【我的困惑】**

去买内衣的时候，发现商店里有很多样式，还有的大有的小，有的厚一点有的薄一点，我该选哪种啊？到底哪种才是真正适合我的？

**【敞开心扉】**

我们的丫头开始着手要真正地呵护乳房啦！如何选择适合自己的胸罩呢？我对这个问题可是大有研究的，让我慢慢向你道来。

首先你要知道自己的三围数字，一提到三围数字，你首先想到的一定是买衣服时的尺码吧？听我慢慢向你解释三围数字与内衣的关系。

三围的很大作用就是在买衣服的时候能够帮助你正确地挑选适合自己的衣服，而在选择胸罩时，这些数据也可以派上大用场。因为决定胸罩大小的因素并不仅仅在于乳房的大小，还在于身体的胖瘦。所以选择胸罩时就要全方位地考虑三围和罩杯的大小，你一定也已经发现，有些胸罩会特别标注了有聚拢的效果吧？那是为了弥补乳房不够丰满的缺陷，不过正处于青春期的你暂时不需要这类胸罩。

知道了自己的三围之后就要测量一下胸下围，所谓胸下围，就是背部连接乳房下缘的水平围长。用胸围的数据减去胸下围的数据，就可以得到你适合穿的罩杯类型。一般来说，10公分以内适和穿A罩杯，12.5公分左右的是B罩杯，15公分左右的为C罩杯，17.5公分左右的就应该穿D罩杯。

而胸罩尺寸就是胸下围尺寸。所以，如果你的胸围尺寸是72.5公分，胸下围尺寸是60公分，那么你就应该穿60B的胸罩。

如果胸部比较丰满，就选择略薄一点的胸罩，不那么丰满就选择稍微厚一点的吧。但是要记住一点，胸罩可不是越紧就越好，而是要根据舒适程度来选择，松了会达不到穿胸罩的效果和目的，而紧了又会使你感到不适。有些胸罩看起来不错，其实是粗制滥造的产品，这时就需要你擦亮眼睛。一款合适的胸罩应该能让你穿着舒适，更能矫正胸形，让你的乳房更加健康地发育。

怎么样？这个问题我是不是回答得很专业？现在的你是不是对如何选择适合自己的胸罩有了一定的了解呢？如果你觉得太过麻烦，那就咨询一下妈妈吧，妈妈可是很会挑选内衣的。

一款舒适的内衣不仅能让我们的身体感到舒服，更能很好地促进我们乳房的发育，为乳房的发育提供一个更好的环境。呵护乳房就从选购一款合适的内衣开始吧。

【小小提醒】

选一款适合自己的胸罩可是很重要的，选对了不仅穿着舒适，更能达到美观的效果。可如果选择得不适合，那可就惨了，不仅日常的穿戴会不舒服，更会阻碍乳房的正常发育，千万别只图样子好看就轻易地选择，要知道适合自己的才是最好的。呵护乳房只是一个开始，要做好各种充分的准备，迎接接下来的挑战。

# 3
# 我的“大姨妈”是不是不正常呢？

【我的困惑】

“大姨妈”有时候量大有时候量小，有时候又不来，我的“大姨妈”正常吗？如果不正常，那什么样的“大姨妈”才算是正常呢？

【敞开心扉】

看样子你好好观察了每次月经的情况，这样做的是很好的。青春期的你还正在发育，所以月经周期不稳定，血量不稳定都是正常的现象。如果青春期之后还是这种情况，就需要提高警惕了，说到正常的“大姨妈”，还真有几条标准来判断。

首先就是月经周期。虽然每个女人的月经周期不尽相同，但一般都在21天到35天之间。最关键的是看月经来得准不准时，当然，偶尔出现不稳定也不用太在意，平常心就好。

其次就是月经量。一般应该保持在30—50ml，经期持续3—7天，月经过多或是过少都需要你从平时的习惯中找找原因。不知道你有没有遇到过出血块的情况呢？少量的血块是正常的现象，一般血块会出现在早晨刚起床时或是久坐之后。但是如果出现了好多的血块那可真的有点吓人了，这时就需要找医生咨询了。

如果突然有一个月或是好长时间都没有月经的话，首先要想是不是怀孕了，不过我想这种事情发生在你身上的概率一定很小。排除了怀孕的可能性之后，就要想想你最近都做了什么，长时间的旅行或者很大的生活、心理压力，都有可能导致月经的周期发生变化，甚至不来。剧烈运动和减肥过度也可能对月经的周期产生影响，所以保持健康的心态和健康的生活方式是很重要的。

平时也可以给自己的月经周期做一个小小的记录，把出现过的不正常的现象细心地记录下来，方便以后检查的时候给医生提供一些线索，也可以让自己更加了解自己的身体。

除了以上提到的几个标准，在日常生活中也要注意饮食情况和个人卫生，避免细菌侵入的同时让自己保持良好的状态，这样发生状况的概率就会大大降低。也可以在必要的时候咨询老师，如果不好意思的话，那就多多问问妈妈吧，作为一个过来人，妈妈一定会多多引导你的。

【小小提醒】

平时要多多注意自己身体各方面的变化，做到心里有数，这样遇到问题的时候也好尽快找到解决的方法，避免方寸大乱。月经对我们女生的影响很大，它的规律和正常直接保证了我们的生殖健康。所以一定要多多留心，为将来能够成长为一个更加美丽的女孩努力。

# 4
# 月经来时应注意什么？

**【我的困惑】**

虽然已经学到了许多有关身体变化的知识，但是月经来的时候具体应该注意些什么呢？我总是记不住。

**【敞开心扉】**

其实，我们前面已经有很多的地方都涉及了月经期间应该注意什么的问题，既然这里又问到了，那这次我会仔细地整理一下，丫头，这次你可要用心记住哟。

月经期间需要注意的问题总体分三个方面。首先就是个人的心态，说白了就是要有个好心情，要保持精神愉悦，尽量避免有大的情绪波动。其实我们应该察觉到了，月经期间，我们的脾气会比平时暴躁一些，还会出现对别人不耐烦的现象，这些情况都是正常的，不用过分担心和紧张。

其次要从饮食上注意。饮食算是比较重要的一个方面，因为有很多女孩在平时对饮食的注意不够，往往在月经期间还吃一些刺激性的食物，这很容易造成月经量少或是痛经。月经期间尽量不要吃生冷的食物，或是酸的、辣的等刺激性食物，还要多多喝水，新鲜蔬菜和水果可以多吃，好吃还不贵，而且还对健康有益。

如果平时身体比较虚弱，那就要特别注意在月经期间补充营养了，多喝牛奶，鸡蛋、猪肝和菠菜也是必备的食材。如果月经量比较多就不要再喝红糖水了，这样不仅不会让你感到舒服，还会造成更多的出血。

第三个方面就是个人卫生。首先要从贴身衣物做起，内裤最好是棉质的，还要有良好的通风透气性能。这些硬性条件还要配合上你的工作，内裤要勤洗勤换，避免细菌的滋生，洗好的内裤最好让阳光晒干，这样就会更加保险了。

还有就是卫生巾要勤换，有些女孩觉得频繁地上厕所特别不好意思，其实完全不用害羞，你们只是在进行一项很平常的“工作”，所以下次来月经的时候，不要不好意思啦！

月经期间也要经常清洗外阴，这样才能最大限度地预防感染，对你们自身有良好的保护。如果是冬天，那就一定要注意保暖问题了，月经期间的你们可是受不了凉风的，当然冷水也要避免接触，还要避免太过劳累，如果班上有大扫除的活动，就尽量选择擦桌子吧！

这里我们又说了这么多有关“大姨妈”的事情，再加上之前我们说过的那些，不知道你对“大姨妈”是不是真正了解了呢？你们都是新一代的女生，要对自己好一点儿，这才是你们应该做的事情。那么，在日常的生活中，你们到底要做些什么呢？

首先要做到的就是营养均衡，这就要求你们对食物不能那么挑剔。

其次就是要注意补充一些微量元素，当然，也要多多补充钙质。钙质不仅可以让骨骼更加强健，还有减轻经期腹痛的作用，而镁可以改善身体吸收钙质的情况，所以在月经前后补充含镁的食物也是很必要的。

最后就是要禁烟酒了，烟酒对身体的伤害是有目共睹的，而酒精更是会在月经期间加重肚子的疼痛，所以应该尽量避免。

**【小小提醒】**

在“大姨妈”来串门的那几天，你们一定要照顾好自己，好好地呵护自己的身体。在食物的选择上要多多注意，还要记得不沾冷水，更不要用冷水洗头、洗脚等。做到了以上几点，就可以安全地度过那几天啦！

# 5
# 经期的体育课怎么办？

【我的困惑】

有时候“大姨妈”来的日子刚好赶上我们班有体育课，可我既不想直接请假，一节课坐在旁边看同学们运动，又不想因为运动而对身体造成什么影响，我该怎么办呀？

【敞开心扉】

呀呀呀，丫头，你太谨慎啦。其实只要不是碰到血量特别多的那两天，上个体育课还是可以的，并不会对身体造成什么大的影响。

很多女孩都选择在月经期间不参加任何体育锻炼，觉得体育锻炼对身体的影响会很大。但是仔细留意我们前面提到的经期注意事项，里面是说不能太过劳累，不能做激烈的体育运动，所以做个热身运动或是做上一套课间操都是没问题的。其实月经是一种很正常的生理现象，虽然要格外注意月经期间的运动量，但是只要运动量不太大就没问题了。可以像往常一样上体育课，但如果是跑步或者是体能测试，还是要大胆地选择请假的。

如果每到月经期，你都在一边儿看同学们尽情玩闹，你也会觉得无聊吧。时间久了，体育老师没准儿还会对你有意见呢。所以，请假是可以的，但不能每次都请假。因为我们在月经期间根本没那么虚弱，只要不进行激烈的体育运动就好了。

对一大部分的女生来说，月经期间做做活动腰部的体操对身体有好处，不仅能减轻疲劳感还能让你们的腰板更直，还能通过这样轻松的运动来转移注意力，使你们的心情好起来。

放心，丫头，你可是花季少女哟，月经期间虽然有种种注意事项，但最要紧的还是要掌握度，只要不越过限度就完全没有问题了。知道了这些，下次体育课的时候，就去试着做一些改变吧！

当然，如果碰上痛经或是月经量很多就千万不要逞能了，跟老师请个假也没什么大不了的。如果碰上比较严格的老师，就大胆地说出自己的难处，我相信任何一个体育老师都会体谅身体不适的你的。

所以，不要再为上体育课的事情纠结了，这件事也没有那么难办，只要多多注意运动量就完全没问题了！

【小小提醒】

虽然有很多需要注意的地方，但也千万不要草木皆兵。做运动量小的运动是可以的，参加一下劳动也是可以的，只是别让自己太过劳累就好了。再说了，偶尔运动一下还能疏松筋骨，也算是一种养生的方式。千万不要让自己在同学和老师眼中，变成弱不禁风的大小姐，你们可是新时代的阳光女生呢！

# 6 为什么要经常清洗屁股？

【我的困惑】

电视上经常有广告说什么洗液的，妈妈也常常告诉我最好每天都要清洗屁股，我也不觉得脏呀，为什么还要经常清洗屁股呢？

【敞开心扉】

其实清洗屁股就是清洗我们的外阴，要回答为什么要经常清洗屁股这个问题，就要先从外阴的构造讲起了。也许会有些难懂，不过你可要耐心地看完哟。

女性生殖器分为外生殖器和内生殖器两部分，我们在清洗时接触到的都是外生殖器，也叫作外阴，在这里我着重介绍外阴。外生殖器一般包括大阴唇、小阴唇、阴蒂、尿道口和阴阜等。

青春期的你一定要格外注意外阴的卫生情况，你们正处在代谢旺盛的时期，汗腺和皮脂腺的分泌物增加，大小阴唇的皱襞部位很容易积累脏东西。这些脏东西，就像是藏在缝隙里的灰尘一样，不易被发现也不好打扫，所以才会给你外阴并不脏的错觉。而如果你本身有些胖的话，这种情况就会越发明显。再加上外阴很容易受到细菌的侵袭，因此很容易出现感染、发炎和瘙痒的症状，所以要常常清洗。

而且，由于尿液、白带、月经等的排出，所以我们的外阴会经常处在一种潮湿的环境之中，而细菌就喜欢在潮潮的地方滋生，所以一定要经常用清水清洗。

这里我就着重介绍一下如何保持我们外阴的卫生。

首先你们需要准备一个专用的小盆子，千万不要和洗脚盆搞混。还要准备好专用的毛巾，这个时候的你们是不需要准备女性洗液的。除非必须，且是在医生的建议下，否则尽量不要使用这种东西，女性洗液很容易使你们的外阴受到刺激。一般只需要温开水就足够了，这里一定要记得是温开水。凉水是一定不可以的，尤其是在月经期间，一定要记得这点。

其次就是要选择透气性好的材质的内裤，最好是纯棉的。还要养成擦屁股从前往后擦的习惯，这样会降低细菌进入阴道的概率。在清洗的时候，也要从前往后清洗，这样才是正确的清洗方式，所以，健康要从清洗开始。

我们的内裤也要勤洗勤换，一定要尽可能地保持外阴的干燥和清洁，这样既不会有异味产生，又有利于身体健康。

最后就是经期卫生。要特别注意白带的情况，如果白带量突然增多或是白带有异味，一定要及时到医院找医生咨询，将病痛扼杀在摇篮里。有些女孩认为经期就应该老老实实地待着，也就暂时停止了清洗外阴，其实这种想法是不正确的。就算是在经期，清洗外阴也不会给身体带来什么影响，相反还能让你的外阴更加舒服。

我们已经在很多的章节都提到了注意个人卫生这一点，这不仅是一种很好的个人习惯，更直接关系到我们的身体健康，所以一定要注意。已经有良好习惯的就继续保持吧，如果之前会偷懒，那就在看完书之后马上开始习惯养成计划吧！这可是很划算的，会对你今后的生活产生很大的影响。

【小小提醒】

一定要做勤快的小女生哟，勤换洗内衣，还要注意经常清洗外阴。当然，我知道一定会有些女孩偷懒，偷懒可不是一个好现象，因为勤快这个好习惯可是会让你受益终身的。就给自己定个计划或者下个决心吧！就从坚持一周开始，再慢慢坚持一个月、一个季度，然后就是一年、一生了！好习惯会伴随你的一生，自然也会让你受益无穷，下次想偷懒的时候，一定要在心里想想这句话。

# 7 裸睡很舒服，但是否健康呢？

【我的困惑】

我经常裸睡，总觉得裸睡特别舒服，但是又不知道这样的习惯是不是健康。我知道很多同学都有裸睡的习惯，这样到底是不是健康的啊？

【敞开心扉】

提到裸睡，经常有人把它和无拘无束联系起来。有些人认为裸睡很舒服，当然也有些人认为裸睡是很不文明的行为。不管怎样，只要你自己能接受就好。裸睡也是要分人分时间的，并不是每个人都适合裸睡。那就一起来看看你是不是属于适合裸睡的人群吧！

所谓裸睡，就是脱掉衣物放松身心的睡眠形式。裸睡一方面给人一种无拘无束的感觉，另一方面也增加了皮肤同空气的接触面，这对血液循环和汗液的分泌都是有好处的。正因如此，裸睡有助于放松心情，还能消除日常生活中的疲劳感，甚至还能缓解失眠、头痛的症状。

而对于女人来说，裸睡的好处似乎更多，更有裸睡是一种廉价保健方法的说法。裸睡能让你感到舒适愉快，解除了衣物对身体的束缚，自然可以放松身体。裸睡保证了皮肤的呼吸通畅，促进了人体新陈代谢的速度，更有调节神经系统的作用。裸睡还能在一定程度上治疗因紧张引起的疾病，并且能促进血液循环，对失眠的人还会产生一定的安抚作用。

肌肉比较紧张，肩、颈、腰疼以及痛经的人可以尝试裸睡，裸睡可以在一定程度上缓解这些症状。裸睡还有助于减肥，因为裸睡时，血液得到很好的循环，皮肤呼吸状态良好，油脂自然会消耗得快。

虽然裸睡有如此多的好处，但是凡事都有两面性，裸睡也有不好的地方。那就让我们看看它的害处吧。

丫头，我们要是选择在冬天裸睡，家里再没有暖气、空调等保暖的设施，我们很容易会受凉，进而得感冒的。

还有就是在我们裸睡的时候，床单、被罩上会留下很多的细菌，这对我们的身体是极大的隐患。

既然说到了健康的方面，我们就要多多关注一下自己的身体。对于正在生长发育的你们来说，照顾好自己可是至关重要的。那么如何做才能够保证自己的健康呢？我们就先从以下几个方面开始了解吧。

夏天天气温暖、湿润，枕头容易滋生霉菌，所以，就需要我们时常暴晒枕头芯来有效地抑制霉菌了，这样做是有利于身体健康的。而且，我们还要保证每天八小时的睡眠，只有拥有好的睡眠，我们才能拥有更多的精力，不然头脑会变笨的。有午睡的习惯是很好的，这样可以延缓衰老。

早餐多食用西红柿等蔬菜，还要多吃水果，这样不仅可以养肝，还可以避免肥胖。喝酸奶能缓解酒后的烦躁心情，还可以减少酒精的吸收。酸奶中含钙丰富，有利于补充钙质。但是，在日常的饮食中，过多地食用葱、蒜等刺激性食物会刺激口腔肠胃，不利于健康，我们平时要注意减少食用这类东西。值得一提的是，少量地食用葱、蒜也可以预防多种疾病。从这点我们也能看出，食用要适量。

希望这些对大家有用，好好爱惜自己的身体，这样才能更加快乐地生活。

【小小提醒】

提到裸睡自然会想到无拘无束，可是裸睡也是要分情况的。如果身体不是很棒最好还是先锻炼身体再裸睡吧，以防伤风感冒。经常裸睡的孩子可要注意了，一定要保持床单、被罩的清洁卫生，还要养成良好的个人卫生习惯，这样一来，裸睡就是一个绝佳的保健形式了。丫头，如果你刚好身体健康，并且有良好的卫生习惯，那就放心大胆地裸睡吧！

# 8
# 高跟鞋很好看，为什么我不能穿？

**【我的困惑】**

每次出门妈妈都会穿上漂亮的高跟鞋，有时候我会趁妈妈不在家的时候穿她的高跟鞋，可是妈妈告诉我穿高跟鞋对我不好，最好还是不要穿，为什么会这样？

**【敞开心扉】**

有句话说得好，“爱美之心人皆有之”。你追求美丽的心情我能理解，但是现在的你还处在身体快速发育的时期，你的身体和骨骼还没有完全定型，妈妈当然会阻止你，不允许你穿高跟鞋啦。那么穿高跟鞋到底会对你的身体产生什么伤害呢？

虽然穿上高跟鞋会使你曲线玲珑、风姿绰约。但并非每一个女孩都适合穿高跟鞋，处在青春期的你们就非常不适合。

处在你们这个阶段的孩子，身体还没有发育成熟，骨骼也没有定型，在骨骼中软骨的成分还比较多，而且在骨组织中水分和有机质也占有比较大的比例。这些情况直接导致了你们的骨质柔软，不能承担很重的重量。而在穿高跟鞋时全身的重量都落在了脚掌上，不像穿平底鞋那般，可以将身体的重量分担给全足。所以，在你们这个年纪穿高跟鞋，会影响骨骼发育，时间久了会影响骨盆的发育，更有可能为你以后生孩子带来麻烦。

我们的足骨发育成熟的年龄大约在 15—16 岁，足骨的发育对我们来说是至关重要的，因此在青春期，我们穿鞋子也要格外注意，因为鞋子会影响我们足骨的发育。同时还要注意日常的行为习惯，不给有害于我们健康的习惯以可乘之机。如果你非要在这个时期穿高跟鞋，那等待你的就是足骨的发育畸形，更严重的还会影响你正常行走。为了自己的爱美之心，就付出这样的代价，实在是不值得的。

丫头不要心急，等你长大，骨骼发育成熟后，就可以自由自在地跟妈妈一起穿高跟鞋，漂亮一回啦。到那时你一定是最美的公主！等到那个时候，你也不用再担心那些所谓的隐患了，所以何必急于一时呢？如果真的想穿有跟儿的鞋子，那就穿穿坡跟鞋吧，或者跟高不超过 3 厘米的鞋子也是可以的。

说了这么多，你应该知道怎么选择了吧？虽然这只是我们成长中众多选择里的一个，但是却关乎我们的健康，所以一定要好好考虑一下自身的情况。妈妈的建议也要好好考虑，因为妈妈是我们成长路上最好的老师。

【小小提醒】

丫头又遇到难题了，美丽和健康到底该怎么选择呢？而这种美丽是不是你们现在的年龄应该追求的呢？有问题多问问妈妈，妈妈可是过来人，并且完完全全为你着想。高跟鞋虽美，可是还不适合现在的你，那就留到长大之后吧！那时的你才是真正的身材高挑的窈窕淑女哟。

# 9
# 管不住自己的嘴，身材变胖了，怎么办？

**【我的困惑】**

我也知道自己处在青春期，可就是管不住这张嘴，看到好吃的东西就想吃。那青春期有什么东西不能吃吗？又有什么东西是对青春期有益的呢？

**【敞开心扉】**

丫头，别着急，其实很多人都管不住自己的嘴，毕竟美食当前很少有人不受诱惑呀。不过，正处在青春期的你在吃东西上倒是有不少的学问要学。耐心地看完我的回答吧，你一定会学到不少东西的。

青春期的你们是最有朝气的，就像早晨八九点钟的太阳，朝气蓬勃，充满青春的活力。不过这个时候的你们，也是最没有医疗常识的。因此掌握一些饮食上需要注意的事项就显得很有必要，毕竟有些食物可以对青春期的身体发育造成不良的影响，还有的会导致比较严重的后果。

口味重的食物最好不要多沾，虽然酸、甜、辣的食物会让你胃口大开，但是吃多了未必是好事。尤其是喜欢吃辣的女孩，就应该格外注意，辣椒会使青春痘加重，也会在一定程度上引起痛经，所以还是尽量少食用为好。

高热量的食物也尽量少食用，经过油炸的垃圾食品更是不要多吃。首先我们没办法确保油的质量，其次油炸食品会刺激身体的发育，也会在一定程度上影响发育情况。很多人喜欢快餐，热衷于麦当劳和肯德基。我们要知道的是，这类食物的热量相当高，吃多了会使你们发胖。然而减肥又会影响身体的发育，等到真的胖起来了，你就会陷入两难的境地。另外还有坚果一类的食品，会让你越吃越上瘾，直到身材走样才觉悟过来，可是已经太晚了。

奶油饼干等零食，通常都会添加牛油或白糖，如果这些商品的成分标示不清楚，就尽量别买来食用。这类食品很可能热量太高，会影响你的身体健康。

听了我的回答，你是不是已经对青春期应尽量避免的食物有了一个大概的认识？其实除了这些食品外，我们生活中还有很多食物可以选择，像新鲜的果蔬，经常食用新鲜果蔬不仅能保持身体健康，还能为你的发育带来正面的影响。丫头，你的心里一定已经有答案了吧？

**【小小提醒】**

虽然我们的身体正在发育，有很多的食物是要避免的，但是避免并不等于杜绝，千万不要被这些字眼吓到。只要在日常生活中多加留心，就能做到膳食平衡，就没问题啦。青春期的你们发育迅速，除了在饮食上要多加注意外，还应在平时多进行体育锻炼，为有一个健康又健美的身体而不断努力。病从口入，肥胖也会从口入，多加注意没什么不好，丫头，加油吧！

# 10
# 我成了“小罗锅”，还能变回去吗？

【我的困惑】

最近妈妈开始唠叨我，说我变成了“小罗锅”。她一见到我驼背就会在我背上重重地拍一下，真难受，我要怎么办才能变回去啊？

【敞开心扉】

呀，丫头，你怎么驼背了？前面已经提到过，不要因为自己乳房的发育而含胸驼背，这会很影响美观的，那么你是因为什么而驼背的呢？

处于青春期的你，骨骼中的有机质成分比较多，你有没有发现，你们的骨骼要比大人“软很多”？你们可以很轻松地弯下腰去，也可以做一些高难度的舞蹈动作。这时候你们的骨骼韧性比较好，可塑性非常强，所以一旦不注意走路姿势和坐姿就会出现驼背的现象。

不管你是因为乳房的发育而刻意走路缩着肩膀，还是在平时不注意自己的习惯，既然已经驼背了，那就要抓紧时间进行纠正，否则一旦骨骼定型，再纠正就很难啦！你也不想一辈子驼着背那么难看吧？

如何纠正驼背呢？首先一定要端正自己的坐姿，在课堂上听课时不要因为疲惫就趴在桌子上，那样虽然很放松，但是会对你的骨骼造成很大的影响。走路时一定要让肩膀向后自然舒展，挺胸抬头、大大方方地走路，看书写字的时候也不要把头低得太狠。

想一想你的床，是硬板床还是有着席梦思的大软床呢？虽然大软床很舒服，但是对你们的骨骼发育有很大的负面影响，我小时候就是因为睡席梦思才变成了驼背呢，不过后来我努力改正，现在已经丝毫看不出来了。硬板床会使我们的脊柱在睡眠时依旧保持平直，可以降低成为驼背的可能性。

体育课上也不要偷懒哟，认真做好课间操，好好上体育课，多多进行体育锻炼也是一种不错的改正方式，扩胸运动的效果比较明显，你可以试一试。

不过还有一种可能，那就是你的驼背是遗传的。这种情况虽然比较麻烦，但也是可以后天纠正的。大部分人的驼背，还是自己平时的坏习惯造成的，当时不注意，觉得驼背走路会舒服得多，等到驼背了，就会开始发愁了，因为驼背的样子真的很难看。

还有，日常也要注意营养均衡，毕竟骨骼还是需要足够的营养才能健康发育的。平时一定要挺胸抬头地走路，晚上睡觉时尽量在硬板床上睡。只要按着以上几个要点进行相应的调整，驼背的现象就能得到有效缓解，慢慢你就恢复成原来的样子了！

【小小提醒】

睡觉的时候也不要枕太高的枕头，跑跑步也是不错的方式。不过一定要把握好度，不要急于求成，让自己身体负荷过大。驼背可不是一个好现象，丫头，就从现在开始改变吧！

# 11 “早孕”就是很早怀孕吗？

【我的困惑】

今天电视上有节目提到了早孕，什么是早孕呀？是在不该怀孕的时候怀孕吗？有哪些症状可以说明自己早孕了呢？

【敞开心扉】

丫头，早孕可不是指年龄不对的时候怀孕哟。

早孕是指怀孕的第 13 周末前，准妈妈完全感觉不到自己的肚子里有了宝宝的那段时间。这段时间很多的准妈妈会产生畏寒、头晕、恶心、呕吐的症状，这些症状叫作早孕反应。

早孕有很多的表现。比较明显的就是不来月经，不过因为早孕往往伴随着恶心和呕吐等症状，所以也许在准妈妈还没注意到自己月经没来时，心里就已经知道自己怀孕了。

一般早孕时准妈妈的体温会增高，并且这种增高会持续一段时间。乳房也会跟着变大，同时变得更加敏感，甚至还会胀胀地疼。这是因为一旦怀孕，体内的激素水平就会有一个很大的提高，准妈妈的身体还没有完全适应，所以会产生发热现象。不过等到 3 个月之后这种症状就会消失了，因为身体已经适应了激素水平提高的改变。

还有一个现象就是准妈妈会突然感到疲倦，特别困，甚至是嗜睡。不过这种情况也不会持续太长的时间，慢慢就会恢复之前的样子。

大多数的女性会在怀孕一个月之后出现孕吐的症状，虽然有些女性整个孕期都不会出现这种情况，但是这种不出现孕吐的概率简直太小了。等到了怀孕的中期，恶心、呕吐的现象就会消失了。

准妈妈还会变得对气味特别敏感呢，她们的嗅觉在不经意间灵敏了好多，不过这也就导致她们一闻到油烟味就会恶心，就算是平时爱吃的菜此时也会觉得难以下咽，很容易影响食欲。这些改变都是因为体内雌激素含量突然上升造成的，到了怀孕后期，这些情况会有一些缓解。

准妈妈还会发现自己上厕所的次数在不知不觉中增加了，这是因为在怀孕期间，准妈妈的体液量增加了，膀胱的负担加大，这样自然就会使上厕所的次数增多，习惯就好了。

怀孕之后许多的准妈妈开始变得爱吃起来，一个个成了小吃货，有些准妈妈会担心自己的体形，不过在怀孕时没必要因为担心身材而刻意地控制饮食，饱饱口福也是可以的。

怀孕的初期也是最容易流产的，建议要到医院进行定期的检查，随时关注肚子里宝宝的情况，避免在出现意外时自己却毫不知情，以致伤害了小宝宝。

解释了这么多，不知道现在你了解了没有呀?

【小小提醒】

怀孕初期就已经会出现这么多的情况了，现在想想，当妈妈是不是很不容易，是不是觉得妈妈特别伟大呀？那么就在今后的生活中多多体谅妈妈，多多照顾妈妈吧！妈妈可是这辈子最爱你的女人哟，而你也应该做妈妈的“贴心小棉袄”，小女生，一定要加油呀！我看好你！

〈第七章〉

# 学会抵制诱惑

小丫头，现在的你是不是也经常会上网，喜欢和陌生人聊天呢？你会将自己的真心话都和对方说吗？你有没有想过偷偷背着爸爸妈妈去见你的网友呢？我想你一定动过偷偷去见网友的心思，只是你并没有实际行动。

你也一定有自己喜欢的明星吧，看到他们身上穿着的衣服，佩戴的饰品，你是不是也想拥有与他们同款的东西？你是否注意到电视新闻或微博上经常出现的新闻，某某女孩失联，几天后发现她受害了？你有没有想过她发生了什么事情？

小姑娘，你知道吗？作为女孩，没有什么比保护自己的生命安全更重要的事情了。

那么，究竟应该怎么做，才能保护自己呢？

# 1 “男朋友”竟然逼我卖淫

**【我的困惑】**

两个月前，一次偶然的机会，我认识了一个男孩。他长得很帅，只看了他一眼，我就迷恋上了他的容貌。他在我学校附近的KTV上班，于是我们两个人互相留下了联系方式，之后便一直有来往。后来他成了我的男朋友，再之后，我们两个人发生了性关系。不久前，他给我介绍了几个朋友认识，让我没有想到的是，这些人竟然对我动手，并强迫我拍了裸照，之后还逼迫我去卖淫。他们说这样就能有很多钱，但如果我不去，他们就会将我的裸照放到网上。我该怎么办?

**【敞开心扉】**

丫头，你现在最应该做的是要想办法，尽快逃离这些人。在能够保证自身安全的情况下，向爸妈和警方寻求帮助。然后在警方的协助下，将这些人抓获，以免有更多和你一样的无辜女孩受害。

到了现在，你也许已经明白了，你口中所谓的“男朋友”，实际上是一个坏人。他夺去了你的贞操，然后又将你丢给他的那些好朋友，让他们逼迫你去卖淫。你所经历的一切，很可能在最初你与这个“男朋友”认识的时候，就已经被设计好了，他们只等着你上钩。

要知道在这个世上，很多人都是带着假面具做人的。我们虽然不能有害人之心，但是防人之心，保护自己的意识，一定要有。尤其是对陌生人，不能毫无防备地敞开心扉，将自己全身心都奉献给对方。

再说卖淫这件事，正处于青春期的你，身体和心理的发育都不健全，卖淫将会给你的身心，带来极大的伤害。

因为一时的冲动，你已经和这个“男朋友”发生了性关系，未成年的你，发生这样的事情，也是不对的。要知道，偷尝禁果，是会给你自己带来很大伤害的。

如果你参与卖淫，那么将来你会遇到很多人，即使你不愿意和他们发生关系，他们也不会同意。因为他们付了钱，所以他们会逼迫你，或许还会伤害你。到时你想后悔，都已经来不及了。

卖淫的人很容易患上性病，因为她们会面对形形色色的人。这些人身上是否携带疾病，你无从了解。一旦发生性关系，那些疾病便会传染到你的身上，给你的身体带来极大的伤害。想想都觉得很恐怖，是不是？

而且卖淫还会对你长大成人之后的婚姻生活带来不可弥补的伤害。如果你的未来老公知道，你曾经参与卖淫，他是否能够接受这样的你呢？我想很多人，都无法接受这样的女子做自己的妻子。

不仅如此，卖淫还是违法的行为。我们国家是不允许卖淫嫖娼的。

根据《中华人民共和国治安管理处罚法》《卖淫嫖娼人员收容教育办法》《全国人民代表大会常务委员会关于严禁卖淫嫖娼的决定》等相关法律法规的规定，对卖淫嫖娼者将会处以 10 日以上，15 日以下拘留，可以并处 5000 元以下罚款。情节较轻的，处 5 日以下拘留或者 500 元以下罚款。

另外，对已满 14 周岁从事卖淫嫖娼的人员可对其进行收容教育。

**【小小提醒】**

不要以为参与卖淫的人就一定是女孩，很多男孩也会从事卖淫活动。而这些参与卖淫的男生中，有些是因为生活所迫而自愿参与卖淫，还有一些则和你一样，是遇到了骗子。这些被骗的孩子，不论男孩还是女孩，他们在坏人的逼迫下，不得不参与卖淫。而在这些人中，有些孩子因为无法承受卖淫所带来的心理压力，逐渐变得性格扭曲，甚至患上严重的精神疾病。

# 2 认识的姐姐竟然教我吸毒

【我的困惑】

不久之前，我在学校外面遇到了几个小混混，他们向我要钱，我当时很害怕，都快哭了。正在这时，一个打扮十分帅气的大姐姐走过来，将那几个男生赶跑了。我很感谢她，同时也很敬佩她，将她当成了偶像，于是我主动请她吃饭。后来我们两个人成了好朋友。

前两天我去她家找她玩的时候，看到她正蹲在沙发前，鼻子贴着茶几，在吸白色的粉末。她看到我之后，也递给我一包白色粉末，还说这个东西很好，吸了之后感觉非常好，一般人她不会给。看着她那副模样，我不知道该怎么办，姐姐她是在吸毒吗？

【敞开心扉】

按照你的说法，我想，你猜测得很正确。你认识的这个姐姐，确实在吸毒。

知道这样的情况，你是不是很害怕，同时也很伤心？

丫头，虽然这个姐姐平时对你很好，你也将她当成自己的偶像，但你千万不要像她一样，接触毒品，知道吗？即使她说毒品很好，吸食之后会让你有一种飘飘然的感觉，能够让你放松精神，你也绝对不能接触毒品。

我想此时你看到的姐姐，一定和你平日里看到的那个帅气、阳光的姐姐，有很大的不同。面前的她，可能双眼迷离，头发脏乱，蹲在地上顾不得形象。看到这样的她，你是不是感觉很伤心？觉得是这个可怕又可恨的白色粉末，将你心中的那个英雄，那个偶像给彻底毁掉了。

我能理解你此时的想法，因为就在不久之前，姐姐喜欢的一个明星，也因为吸食毒品，而被警察抓走了。

是毒品，让他们走上了这条伤害自己的不归路。

不知道你是否了解吸毒对身体的伤害。当初我上学的时候，学校经常会播放一些有关吸毒的纪录片。那时候看到那些青少年因为吸毒，而变得人不人，鬼不鬼，我心里觉得很恐怖，也因此对吸毒有了一个大概的了解。

我知道了吸毒会伤害我们的身体健康，还会损害家庭和社会的利益。

也许你会说，面前的姐姐除了毒瘾犯了的时候，会有些奇怪之外，平日里还是阳光灿烂，面带微笑，没有什么大变化。但事实上，长期吸毒，会对身体造成不可恢复的伤害。

很多长期吸毒的人，都会身体消瘦，面色枯黄，严重的还会出现皮肤溃烂的情况。

而之所以会有这样的情况出现，是因为毒品的毒性会对身体造成影响。吸毒时间过长，每次吸入的剂量过大，都会让机体的功能失常，让身体的免疫力下降。有些人还会通过静脉注射毒品，这样更容易感染各种疾病。

另外，吸毒还会危害家庭和社会的安定。因为毒品的价格都很高，如果一个家庭中，出现了一个吸毒者，为了购买毒品，这个人就会花掉家庭大量金钱。慢慢的，这个家也就要散了。有人会为了支付昂贵的吸毒费用，而选择通过犯罪的手段来筹更多的钱。抢劫、杀人，他们都做得出来。因此，吸毒不仅伤害自己和家人，也给社会带来了伤害。

**【小小提醒】**

正因为吸毒有这么多的危害，国家才会极力反对吸毒。

丫头，不知道你是否想过，你的这位姐姐当时为什么会替你赶跑那些欺负你的男生，又为什么会给你毒品，让你尝一尝？事实上，有很多吸毒的人，他们为了支付高昂的毒品费用，而“以毒养毒”。说得简单点，就是他们为了吸毒，而去贩毒。他们故意诱惑身边的人去吸毒，将其发展成下线，然后以向他们贩毒所得到的金钱去买毒品，来供自己吸食。

# 3
# 约见有钱的网友，对方要我陪他一夜

**【我的困惑】**

不久之前，我在网上认识了一个网友。每次聊天，我们两个人都聊得很开心，慢慢的，我也将自己越来越多的事情，都告诉了他。前几天，他突然提出说要见我一面，当时我也没有多想，就背着爸妈偷偷和这个网友见了一面。

直到见面的时候我才知道，原来这个网友并不像他资料中写的那样，是我的同龄人。他比我大二十几岁，是和爸爸一样大的人。他是一个有钱人，那天是开着豪车来的。他人很好，请我吃了大餐，还亲自将我送回家。后来我们二人又见了几次面，就在昨天见他的时候，他说要我陪他一夜，他会给我很多钱。我该怎么办？是同意他，还是拒绝他呢？

**【敞开心扉】**

小丫头，我不得不说，你真是一个做事不考虑后果，胆子太大的女孩。你竟然敢背着爸妈，偷偷见一个陌生的网友。难道你就没有想到，自己会遇到坏人吗？

还好你平安地回来了，若不然，真不敢想象，你会遇到什么事情。

不知道你是否听说过，有些女孩，就是因为偷偷见网友，结果出了事情。她们轻则失去钱财，重则失了贞操，丢了性命。

怎么样，看到我说的这些之后，再回想一下，是不是你也有些害怕了？

就像我在前面所说的那样，在这个世界上，并不是每个人都是好人，我们虽然总说，这个世上好人很多，但并不代表就没有坏人存在。这些坏人并不会在自己的脸上写上“我是坏人”，因此光看外表，你并不能分辨一个人的好坏。

或许他们平日里，都是衣冠楚楚，一表人才，看似无害，但事实上，他们很可能会做出十分龌龊的事情。因此，你在日常生活中虽然不能怀着害人的心思，但一定要时刻记得，保护自己的人身安全。不要因为对方对自己的一点点好，就对人卸下心防，最后害了自己。

你的这个网友，或许很有钱，对你也不错，但这都掩盖不了他真实的面目。关于这点，只要从他最后提出要你陪他一夜的事情上，就能够看出来。

你知道他要你陪他一夜，是要做什么吗？你又是否知道，他所谓的给你钱，是要买你的什么吗？

我想，这其中的猫腻，你必须仔细了解一番。

有一些孩子，也和你一样，因为自己有些烦闷的事情，所以就在网络上，和自己的网友大吐苦水。而网络是一个虚拟的世界，在那里，你见不到对方，对方同样也见不到你，就像你自己说的，你的这个网友明明和你说他与你同龄，结果呢？他比你大了二十几岁。因此，在网络上有很多的话让我们无从分辨真假。

如果对方故意装成知心的朋友接近你，然后让你一点点地掉进他的温柔陷阱，最后两个人约好见面，而你又缺乏自我保护意识，你就会上了大灰狼的当。当你反应过来的时候，可能已经受到了伤害。

而像你说的网友，他开口要求你陪他一夜，我想应该不仅仅是陪他坐着聊天吧，如果他真的将你带到了什么地方，做出伤害你的事情，你要怎么办？

还有一些女孩，不看重自己的贞洁名誉，出于种种原因，将自己的第一次卖给了别人。这样做的后果是，给自己的心灵留下阴影，还会让自己未来的老公心生芥蒂，对生活幸福造成很大的影响。

**【小小提醒】**

小丫头，姐姐在这里奉劝你，千万不要为了金钱而答应这位网友的要求，最后做出傻事。遇到了问题，就应该及时和父母老师沟通，尤其是在面对诱惑的时候，要衡量利弊，不能盲目做出伤害自己的事情，更不要毫无防备地相信人。如果对方威胁你，你一定要及时向他人寻求帮助，切勿乖乖就范。这样只会给你带来更大的伤害。

另外，以后你再出现心情烦闷的情况，你也可以多和身边的好朋友交流，平时多出去走走，参加一些体育活动。丰富的课外生活，会让你逐渐远离网络谎言，拥有更多彩的人生。

# 4
# 偶像身上的那件衣服真好看，我也想买

【我的困惑】

最近正在播的一部电视剧里面有我比较喜欢的一位明星。她在电视剧里穿的一件衣服真好看啊，我也想买。上网的时候，我在网店里查询了一下同款的衣服，发现那件衣服好贵啊。我想和爸妈要钱去买那件衣服，可他们一定不会同意。但我身边有同学在穿那件衣服，真的好漂亮。我该不该也买呢？我究竟该怎么办？

【敞开心扉】

你有听说过“淘宝模特和买家秀”的故事吗？这可是我们所有曾经网购过的姑娘们，都会遇到的事情。有些在网上或者电视上看起来非常好看的衣服，让我们产生了购买的冲动，可当我们真的买回来，穿到自己身上的时候，才发现原来我们上当了。

那些衣服只有穿在别人身上，才那样好看。当穿在我们身上的时候，哈哈，结果不用说了。简直难看死了！

当然，也不排除你的身材很好，是天生的衣服架子，无论穿什么衣服都很好看。但即使是这样，你也要考虑一下，这件衣服买回来之后，真的适合你吗？

你也说了，这件衣服十分昂贵，而你现在还是一名学生。吃穿用度，都是从父母那里来的。他们辛辛苦苦地工作赚钱，供你吃穿，从来都不会让你缺少衣服、食物。可你却因为追星，就去花大价钱购买同款，这样做，会不会让父母伤心呢？

而且，现在的你自控能力比较差，很难管束自己。一天只想着追星，就很难有正常的生活。

不久之前，我曾经在电视上看到一条消息，一个小女孩，喜欢一个偶像，最开始的时候，她只是收集一些与这位明星有关的信息，后来开始买与这位明星相关的东西，包括她在电视剧中所穿的衣服，所用的包包。即使这些东西很贵，她也丝毫不在乎。她宁可和身边的人借钱，也要参加这位明星的见面会。

久而久之，她原本正常平静的生活，再也不见了。每天只想着明星，以及与她有关的事情，学习成绩下降不说，还因此而失去了和身边朋友交流的机会。作为一名学生，此时的你最应该做的，不是和同学比吃、比穿，也不应该花费很大的精力去追星，而是应该认真学习，争取考出好成绩，将来能够读一所好大学，成为国家的栋梁。

最重要的一点是，如果追星的事情被家里知道了，父母肯定不允许你继续沉迷下去，这时候，已经快要“走火入魔”的你，一定不会听从父母的劝告，难免会因为此事，而和父母发生争吵，最后闹得不可开交，影响家庭和睦。

其实，喜欢明星是很正常的事情，追星也并不是完全被禁止的，但追星不能盲目，要量力而行。

有些青少年，为了追星，不好好吃饭，不好好睡觉，整天幻想着见到自己喜欢的明星，能穿和他们一样的衣服，一同出现在一个场所。为了追星，他们可以省吃俭用去参加一场演唱会。最后不仅影响了自己的身心健康，还给家庭带来了一定的伤害。

因此你应该记得一句话，“少年有偶像，追星需谨慎”。

【小小提醒】

喜欢和崇拜明星，是中学生中普遍存在的现象。追星可以，但一定要记得，应该避免盲目追星。要做到这一点，首先应该对自己有信心，不一味地模仿他们。如果崇拜他们，就只去崇拜他们为了成功所付出的努力与艰辛，还有他们在面对困难的时候，所表现出来的不屈精神。

不要只看到他们在台上所得到的光荣与掌声，而忽略了他们曾经的努力。我想也是每一位明星都不希望看到的。而且，如果你只知道盲目崇拜，你还很有可能会扼杀掉自己的才华，做什么事情，都只知道询问别人，变得没有主见。

# 5 小说还没看完，上课我要继续看！

**【我的困惑】**

前不久同桌拿来一本杂志，我看过之后非常喜欢那里面的爱情故事，之后我自己又买了几本，有些时候我还会用手机下载小说，里面的爱情故事真的很好看。今天这本我还没有看到大结局，上课了我想继续看。怎么办？我是不是着魔了？

**【敞开心扉】**

我想，这种情况一定有很多人都曾遇到过。我在读书的时候，也经常会背着老师，在上课的时候偷偷看故事书，而且一看就是一节课，后果可想而知，成绩下降自不必说，还会被老师批评。有了前车之鉴，你下一次再想上课看课外书，是不是就应该好好斟酌一番了？

小丫头，你之所以会出现这样的情况，一方面是因为言情小说写得确实非常精彩，以至于让你爱不释手。你想想，如果一本书一点意思都没有的话，你还会每天追着看吗？肯定不会的，对吧。

而另一方面，则是因为如今的你对爱情充满期待。正处于青春期的你，刚刚对性有了一点点了解，对爱情也产生了憧憬。此时的你，刚刚脱去了孩提时的稚嫩，正一步步走向成熟，而在这个时期，你开始幻想自己能够成为童话中的公主，被人呵护，被人疼爱。然而，现实终是现实，你还不到遇见理想爱情的年龄，因此，你只能在小说中寻找慰藉。看着小说里的女主人公，幻想着那就是你自己，感受着王子般人物的疼爱与呵护，享受着甜蜜的爱情，忘却一切烦恼。

当然，如果小说中的情节十分精彩，主人公的经历一波三折更好。因为当你哭得稀里哗啦的时候，这本书所带给你的满足感就会更高，故事似乎一下就变成了现实。这也是会让你越发喜欢言情小说的原因。可以说，言情小说是能够给女孩们带来最大的心灵满足的，也正因为女孩们的这些幻想与憧憬，才让言情小说有一定的市场。

不过，小说虽然好，但绝对不能沉迷其中，毕竟故事中的美好都是作者编造出来的。如果你每天只想着小说，上课也不认真听讲，耽误了学业，那就得不偿失了。

作为一个好孩子，绝对不能因为沉迷于小说，而放弃学习哦。

【小小提醒】

虽然不能沉迷于言情小说，但也不是不可以看课外书，只是要选对看书时间。作为学生，上课的时候就要努力学习，认真听讲。放学回到家之后，做好了作业，还是可以看一些好看的课外书的，尤其是国外的名著。这样不仅能够丰富自己的课余时间，还能让自己得到充实，增长知识。好的书籍能够让人懂得更多，让人成长，给予人正能量，因此选对书籍很重要。

# 6
# 网上的激情视频，可以看吗？

**【我的困惑】**

昨天下课的时候，我看到几个男生在悄悄地说些什么，坐在他们后面的一个女同学，脸色绯红，十分不好意思地站起身走出了教室。我心里十分好奇，放学之后，我过去询问那个女生，结果她说，那些男生好坏，竟然在讨论网上的激情视频。网上的那些黄色视频我们可以看吗？男孩为什么喜欢讨论那些事情？

**【敞开心扉】**

这个问题要怎么说呢？小丫头，你的好奇心还真是重啊！

刚刚进入青春期的你们，性意识才刚刚萌芽，对异性产生好奇是非常正常的，因此男孩们会喜欢讨论这些，也不是不能理解。不过，这可不等于你们就能看这种东西。毕竟这些东西都是不“健康”的，会对你们的学习生活带来很大的影响。

不可否认的是，通过看激情视频，男孩和女孩都能够了解到一些性知识，比如说，男生会对女孩的身体构造有一个了解，而女孩也同样对男性的身体有了一个大概的掌握，而且也明白了“性”究竟是怎么回事。

但是，这些知识性的内容却不是这类视频所主要宣传的。它们所传达的是生理上的刺激感，甚至有些时候，为了满足一些性变态的心理，还会故意将人和牲畜等同。这些就不是你们能够理解的内容了，当然也是非常不健康的。

现在的你们还未发育完全，你们不能清楚地判断好坏，看过这些东西之后，很容易被视频中的内容影响。所以，虽然从这些激情视频中可以学到有关性的知识，但负面影响远远大于正面。因此应该通过正确的渠道了解性知识。

如果以后再在网上看到了类似的视频，要及时关闭，不能因为好奇而去看，另外如果身边有人谈论这些话题，你也要赶紧离得远一点。如果想要了解性知识，可以看一些正规出版社出版的有关青春期教育的书籍。

总之，绝对不能因为好奇而去看这类东西，知道吗？

【小小提醒】

正确地学习性知识，可以让你们明白如何更好地保护自己，尊重他人。同时也能在一定程度上降低青少年的违法犯罪率，尤其是和性有关的犯罪率。如今，社会上很多与青少年有关的犯罪，都是因为缺乏性知识导致的。学了这些之后，才能时刻谨记用道德准则来约束自己，不让自己走上违法犯罪的道路。

# 7 醉酒之后，我做了很奇怪的事情

【我的困惑】

昨天是班上一位男同学的生日，平日里我一直偷偷喜欢他，但我始终不敢向他表白。最近听说他有女朋友了，我心里很难过，所以昨天在聚会上，我喝了很多酒，以至于后来发生了什么事情我都已经不记得了。今天上学时，同学们纷纷问我究竟是怎么回事，为什么会做那样奇怪的事情。我一头雾水，同学们说，我不仅向他表白了，而且还拉着他的手臂，一直哭着说要他答应。这也太丢脸了！究竟怎么回事？为什么我一点都不记得了？

【敞开心扉】

小丫头，如果我没猜错的话，你前一天晚上，一定是喝酒喝得太多，以致出现醉酒，也就是“酒精中毒”，所以才忘记了很多事情。用一句大人常说的话来形容，就叫“喝断片儿了”。

另外，今天早上起来的时候，你的胃是不是很难受，而且头还昏昏沉沉的？其实，尚处在青春期的你们，在这个时候是不适合大量饮酒的。因为喝酒和吸烟一样，都是会对身体产生一定危害的。

酒的化学成分是乙醇，乙醇会对你的肝脏造成很大的伤害，而肝脏作为人体最重要的解毒器官，一旦因为大量饮酒而受到损伤，那么以后就很可能会出现肝硬化或者肝癌。另外，大量饮酒还会损伤大脑，致使你的记忆力下降，判断力受到一定的影响。

事实上，大量饮酒的伤害，还远远不止这些。

你现在出现的情况，便是因为大量饮酒，导致的一个比较危险的情况。你的大脑出现了意识混乱，甚至出现了失忆的情况。

要知道，在喝醉的时候，你的大脑是不清醒的，一旦发生了什么事情，后果非常严重。我想你前一天晚上，情绪失控下所做的事情，一定让你的这位心仪的男同学，对你“刮目相看”了。现在的你，一定懊恼死了吧？

先别伤心了，小丫头。现在的你，最应该做的事情，就是静下心来，好好反省一下自己，一个小女孩，是否该在这样的场合喝醉酒。

不知道你是否看过相关的新闻，很多小女孩，自己不注意保护自己，在酒吧里喝多了，躺在沙发上睡着了，结果遇到坏人，丢了贞操。还有一些女孩，则是在酒精的刺激下，主动去挑逗自己喜欢的男性，结果与对方发生了性行为。等到酒醒之后，她们才意识到自己所做下的荒唐事。即使后悔，也无法让时光倒流，最后受伤害的，只能是自己。

所以小丫头，你现在应该感到庆幸，你只是做了一些比较丢脸的事情。

我想，你现在去那位男同学的面前，对他道歉，将事情说明白，他应该会原谅你的。即使以后不能做男女朋友，还是可以做好朋友的嘛。

**【小小提醒】**

在同学聚会的时候，大家总会喝酒，不过即使是在这样的情况下，也应该记住不要大量饮酒，要点到为止，尽到心意就好。在日常生活中，我们经常能够看到很多人聚在一起，一边吸烟，一边喝酒。但事实上，这样做的后果是，让吸烟和喝酒对身体的伤害变得更大了。这并不是 $1+1=2$，而是 $1+1>2$。之所以会出现这样的情况，是因为香烟里的尼古丁会溶解在酒精里，也就是说，此时进入身体中的有害物质尼古丁，要比单纯吸烟时的更多，所以对身体的伤害也更大。

## 参考书目

［1］沧浪．妈妈说给青春期女儿的悄悄话［M］．北京：中国妇女出版社，2009.

［2］埃莉诺·格林伍德，亚历山大·考克斯．嗨！青春期：9—16岁男孩女孩专属读本［M］．田科武，译．北京：高等教育出版社，2010.

［3］吴琦玲．青春期女孩心理成长枕边书［M］．北京：中国纺织出版社，2013.

［4］晓丹．妈妈送给青春期女儿的私房书［M］．北京：中国妇女出版社，2014.